特別支援教育のエッセンス

肢体不自由教育

の基本と実践

宍戸和成・古川勝也・徳永 豊【監修】
徳永 豊・吉川知夫・一木 薫【編】

慶應義塾大学出版会

「特別支援教育のエッセンス」の刊行にあたって

　令和の日本型学校教育のキーワードは、中央教育審議会答申（令和3年）に謳われているとおり「個別最適な学び」と「協働的な学び」の実現です。個別の指導計画を踏まえた授業づくりの実践を長年積み重ねて来た特別支援教育は、学校教育において、その果たすべき役割がますます大きくなりつつあります。そのため、特別支援教育を担う「教師の専門性」の向上や大学等における教員の養成などの充実は、教育の喫緊の課題になっています。

　このような中で、「特別支援教育のエッセンス」として、視覚障害教育、聴覚障害教育、知的障害教育、肢体不自由教育、自閉スペクトラム症教育における教育的営みの「基本と実践」をまとめたシリーズを刊行することになりました。「特別支援教育」全般に関する概論的書籍を目にすることは多いのですが、障害種ごとの各分野において、基本的な知識を得られるとともに実践的な学びをもたらす書籍が求められている状況です。

　慶應義塾大学出版会から刊行されている『視覚障害教育に携わる方のために』と『肢体不自由教育の基本とその展開』は、その構成と内容が評価され、版を重ねてきました。しかしながら、それぞれ初版から15年以上が経過しており、この間にカリキュラムマネジメントや教育課程の見直し、授業づくりなど特別支援教育を取り巻く状況は大きく変化しています。

　そこで、本シリーズ「特別支援教育のエッセンス」を企画しました。そのポイントは、以下のとおりです。

① 　障害種ごとに1冊ずつ完結させることで、内容や範囲を把握しやすく、学びやすくすること。

② 　学校現場の悩みや戸惑いに対応し、学校現場の困りごとに対する解決の方向性を示すものとすること。

i

③ 学生（教員免許状取得希望者、特別支援学校教諭免許状取得希望者）と、さらには特別支援学校教師、特に新任者を主に対象とした内容とし、研修や講義で使用しやすい章構成とすること。

④ これまでの教育実践を踏まえて、オーソドックスな内容とし、教育の「基本」に徹すること。

⑤ ICT 活用や合理的配慮、キャリア支援など、今日的な課題に対応した内容とすること。

⑥ 特別支援教育を担当する教師だけでなく、家族や支援を行う専門職へも有益な内容を盛り込んでいること。

　また、このような教科書に準じた書籍として、特別支援教育の各障害について、その内容をとりそろえたシリーズとすることにしました。構成や内容の確かさを高めるために、各巻の編者及び執筆者は、実践につながる内容を重視しつつ、適切な情報を提供するため、一部、独立行政法人国立特別支援教育総合研究所の関係者の協力を得ることにしました。

　この「特別支援教育のエッセンス」が、特別支援教育を担う「教師の専門性」の向上と大学等における教員の養成などの充実につながることを期待します。特別支援教育に携わる教師が、各障害分野の基本を身に付け、日々の授業に安心感と充実感をもって取り組み、その結果として、子どものよりよい学びにつながることを願います。そして、それぞれの学校において、実践に悩みや戸惑いを覚える教師の背中をそっと支えるエッセンスになればと考えます。

　最後になりましたが、このエッセンスの出版に際して援助いただきました慶應義塾大学出版会、また企画から編集まで幅広く支援していただいた慶應義塾大学出版会の故西岡利延子氏、そして関係する出版会スタッフの方々に心から感謝申し上げます。

2022 年 11 月

宍戸和成・古川勝也・徳永　豊

はじめに

　本書は、肢体不自由教育について学びたい学生、また肢体不自由教育領域で働き始めた新任教師、さらに特別支援教育について幅広く知りたい中堅教師のためのガイドであり、教科書の役割を果たすものです。肢体不自由教育について、あえてオーソドックスにその基本を重視し、初心者が学びやすく、教師の疑問や悩みに応じるものを目指しました。

　手足の動きに不自由さのある肢体不自由の子どもは、小・中学校の通常学級や特別支援学級、特別支援学校で教育を受けています。特別支援学級や特別支援学校で学ぶ子どもの多くは、肢体不自由や認知面の困難さに加えて、知的発達に著しい遅れを伴いながら学校生活を送っています。それでも、わずかな手の動きや身振り、限られた言葉で、その子どもの気持ちや考えを表出・表現しています。その子どもが理解できる国語や算数などの学びを積み重ね、学校で生き生きと過ごしています。

　このような子どもの学校生活や授業において、教師となる者は肢体不自由教育についての基本的な理解と専門性を身に付けることが求められます。

　そこで、肢体不自由教育の基本と実践として、「肢体不自由教育の現状と歴史」「肢体不自由の子どもの特性」「教育課程と教科指導や自立活動の指導」「学びを支える基盤づくりや教材・教具、情報コミュニケーション機器」「就学前や大人としての生活、関連機関との連携」などをわかりやすく解説しました。この領域を学びたい学生、新任教師のみなさまにもぜひ活用いただければ幸いです。

　この「肢体不自由教育の基本と実践」を通して、肢体不自由の子どもの教育やその授業が充実し、また携わる教師の実践力が向上し、職務の満足度が高まることを願っています。

2022 年 12 月 20 日

徳永　豊・吉川知夫・一木　薫

第 $\boxed{1}$ 章

肢体不自由教育の現状と歴史

　第1章では、肢体不自由教育の現状について、特殊教育から特別支援教育の変遷をたどりつつ説明します。また、現在に至る肢体不自由教育の歩みについて、本邦における肢体不自由教育の嚆矢（こうし）である東京市立光明学校の開校以降、肢体不自由養護学校や肢体不自由特殊学級の展開、教育対象となる肢体不自由児の障害の状態などに言及しながら概説します。

① 肢体不自由教育の現状

（1）特殊教育から特別支援教育への進展と肢体不自由教育
　　── 2003 ～ 2022 年（平成中期～令和初頭）

　文部科学省に設置された「特別支援教育の在り方に関する調査研究協力者会議」により、2003（平成15）年3月に「今後の特別支援教育の在り方について（最終報告）」が取りまとめられました。その報告には、特別支援教育の考え方と具体的な方向性が示されていましたが、それらを踏まえて、2005（平成17）年12月に、中央教育審議会による「特別支援教育を推進するための制度の在り方について（答申）」が公表されます。それを受け、2006（平成18）年6月に学校教育法が一部改正・公布され、2007（平成19）年4月より全面的に施行されました。障害のある幼児児童生徒に対する教育制度は、「特殊教育」から、一人ひとりの特別な教育的ニーズに応じた「特別支援教育」となり、盲学校・聾学校・養護学校が「特別支援学校」として一本化されるなど、現行の制度となりました。

　その後、特別支援教育は、国際連合総会が主導した国際条約である「障害

者の権利に関する条約」に沿って、インクルーシブ教育システム構築により進展することとなります。政府が、2007（平成19）年に署名した「障害者の権利に関する条約（障害者の人権や基本的自由の享有の確保、障害者の権利の実現のための措置などを含む国際条約）」は、2013（平成25）年12月に国会で承認、2014（平成26）年1月に締結（批准書を国際連合事務総長に寄託）されました。締結のための国内における取組みでは、障害者基本法の改正、障害者総合支援法や障害者差別解消法の成立など国内法令が整えられました。

　教育分野では、2012（令和24）年7月に、中央教育審議会初等中等教育分科会で「共生社会の形成に向けたインクルーシブ教育システム構築のための特別支援教育の推進（報告）」が取りまとめられ、就学については、学校教育法施行令が2013（平成25）年8月に一部改正され、9月から施行されました。それまでの「学校教育施行令第22条の3を基準として特別支援学校に就学する」という原則が改められ、障害の状態、教育的ニーズや本人・保護者・専門家の意見等を踏まえて総合的な観点から就学先を決定する仕組みとなりました。

　このような特別支援教育を取り巻く状況の変遷の中で、肢体不自由教育においては、①肢体不自由児の重度・重複及び多様化に対応した教育、②肢体不自由者である児童生徒を教育する特別支援学校（以下、特別支援学校［肢体不自由］と記す）における医療的ケア、③特別支援学校（肢体不自由）における各教科の指導、④特別支援学校（肢体不自由）のセンター的機能、⑤小学校・中学校等における肢体不自由教育などの充実・進展が課題となっています。以下では、これらの課題について、特別支援学校（肢体不自由）、小学校・中学校・義務教育学校の肢体不自由特別支援学級、通常の学級・通級による指導（肢体不自由）ごとに述べます。

　なお、本章では、統計資料として、2002（平成14）年度までは文部科学省（旧文部省）「特殊教育資料」、2003（平成15）年度以降は文部科学省「特別支援教育資料」を用います[1]。

(2) 肢体不自由教育を担う学校とそれらの対象となる幼児児童生徒

　肢体不自由教育は、幼稚園・小学校・中学校・高等学校・義務教育学校・

表1-1　肢体不自由教育を担う特別支援学校（肢体不自由）／小学校・中学校・義務教育学校の肢体不自由特別支援学級／小学校・中学校・高等学校等の通級による指導（肢体不自由）とそれらの対象となる幼児児童生徒

特別支援学校（肢体不自由） （学校教育法施行令第22条の3）	1　肢体不自由の状態が補装具の使用によっても歩行、筆記等日常生活における基本的な動作が不可能又は困難な程度のもの。2　肢体不自由の状態が前号に掲げる程度に達しないもののうち、常時の医学的観察指導を必要とする程度のもの。
小学校・中学校の肢体不自由特別支援学級（平成25年10月4日付け文部科学省初等中等教育局長通知）※2016（平成28）年度から義務教育学校が学校教育法第1条に位置付けられた。	補装具によっても歩行や筆記等日常生活における基本的な動作に軽度の困難がある程度のもの。
小学校・中学校の通級による指導（肢体不自由）（平成25年10月4日付け文部科学省初等中等教育局長通知）※2018（平成30）年度から、高等学校・中等教育学校後期課程においても始められた。	肢体不自由の程度が、通常の学級での学習におおむね参加でき、一部特別な指導を必要とする程度のもの。

中等教育学校の通常の学級、肢体不自由特別支援学級、通級による指導（肢体不自由）及び特別支援学校（肢体不自由）（幼稚部・小学部・中学部・高等部）において実施されています。このうち、小学校・中学校・義務教育学校の特別支援学級（高等学校・中等教育学校は該当なし）、通級による指導（高等学校・中等教育学校後期課程は2018［平成30］年度から開始）、特別支援学校における肢体不自由教育の対象は、学校教育法施行令と文部科学省の通知により、表1-1のように規定されています。

　これらの規定は、就学基準ではなく、就学先が決定される際に考慮すべき要素の一つとなります。

（3）特別支援学校（肢体不自由）における肢体不自由教育

1）特別支援学校（肢体不自由）の学校数と在籍者数

　表1-2に、特殊教育の下で肢体不自由教育を展開していた肢体不自由養護学校から近年の特別支援学校（肢体不自由を含んで複数の障害種を教育領域とする学校を含む）の学校数・在籍者数を示しました。

　2007（平成19）年度の特別支援教育以降、肢体不自由のみを教育領域とす

表1-2　特別支援学校（肢体不自由）・肢体不自由養護学校数／特別支援学校・盲・聾・
　　　　養護学校全体数／特別支援学校（肢体不自由）・肢体不自由養護学校在籍者（幼
　　　　児・児童・生徒）数の推移（各年度5月1日付）

年度	特別支援学校（肢体不自由）・肢体不自由養護学校数（校）	特別支援学校・盲・聾・養護学校全体数（校）	特別支援学校（肢体不自由）・肢体不自由養護学校在籍者（幼児・児童・生徒）数（人）
1957（昭和32）	5	196	484
1970（昭和45）	98	417	13,713
1980（昭和55）	168	860	20,492
1990（平成2）	188	947	19,248
2000（平成12）	196	992	17,886
2006（平成18）	197	1,006	18,717
2010（平成22）	296	1,039	31,530
2020（令和2）	352	1,149	30,905

出典：2006（平成18）年度までは文部科学省（旧文部省）「特殊教育資料」、2007（平成19）年度以降は文部
　　　科学省「特別支援教育資料」に基づき作成。
※ 2006（平成18）年度までは、特殊教育の制度であり、盲学校・聾学校・養護学校（知的障害養護学校・肢
　　体不自由養護学校・病弱養護学校）の学校種別に計上され、ここでは肢体不自由養護学校のみを示した。
　　2007（平成19）年度以降は、特別支援教育の制度であり、肢体不自由を含む複数の障害種を対象とする特
　　別支援学校も計上されている。

る特別支援学校・在籍者数が減少し、肢体不自由を含んだ複数の障害種を教
育領域とする特別支援学校・在籍者数が増えています。

2）重度・重複及び多様化と教育課程

　表1-3に、特別支援学校（肢体不自由）に占める重複障害学級の割合の推
移を示しました。他の特別支援学校と比べて、特別支援学校（肢体不自由）
における重複障害学級の割合が高いことが看取されます。後述するように特
別支援学校（肢体不自由）に在籍する子どもの重度・重複化は、1960年代後
半（昭和40年代前半）ごろから脳性まひ児の在籍者が増えるにつれて始まり、
近年も、脳性まひを含む中枢神経性疾患の割合が過半数以上を占め、二分脊
椎、進行性筋ジストロフィー、先天性骨形成不全のそれぞれの割合が約1～
3％で続いています[*2]。これらのことが、重度の肢体不自由、肢体不自由と
知的障害あるいは肢体不自由と複数の障害（知的障害、視覚障害、聴覚障害な
ど）、肢体不自由のみの障害など、多様な障害の状態の子どもが在籍するこ

表 1 - 3　特別支援学校（肢体不自由）及び特別支援学校全体の小学部・中学部全体（肢体
　　　　不自由養護学校及び盲・聾・養護学校全体の小学部・中学部）に占める重複障害
　　　　学級の割合（各年度 5 月 1 日付）

年度	肢体不自由養護学校の小学部・中学部に占める重複学級の割合（%）	盲・聾・養護学校全体の小学部・中学部に占める重複学級の割合（%）
1990（平成 2 ）	59.9	38.3
1995（平成 7 ）	71.4	43.8
2000（平成 12）	75.0	45.1
2005（平成 17）	75.4	43.1
2006（平成 18）	75.3	42.8
	特別支援学校（肢体不自由）の小学部・中学部に占める重複学級の割合（%）	特別支援学校全体の小学部・中学部に占める重複学級の割合（%）
2007（平成 19）	66.1	42.5
2008（平成 20）	64.5	41.2
2013（平成 25）	58.0	38.2
2014（平成 26）	57.2	37.7
2019（令和元）	52.0	33.4
2020（令和 2 ）	51.6	33.0

出典：2006（平成 18）年度までは文部科学省（旧文部省）「特殊教育資料」、2007（平成 19）年度以降は文部
　　科学省「特別支援教育資料」に基づき作成。
※ 2006（平成 18）年度までは、特殊教育の制度であり、盲学校・聾学校・養護学校（知的障害養護学校、肢
　体不自由養護学校、病弱養護学校）の学校種別に計上されている。2007（平成 19）年度以降は、特別支援
　教育の制度であり、複数の障害種を対象とする学校は、それぞれの障害種ごとに重複して計上されている。

とにつながっています。

　各学校では、子どもの障害の状況などに対応して、小学校・中学校・高等
学校（以下、小学校等）の各教科等による教育課程、知的障害者を教育する
特別支援学校の各教科等による教育課程、自立活動を中心として指導する教
育課程など、柔軟に教育課程を編成することが求められます[*3]。

3）医療的ケアの必要な子どもへの対応

　医療的ケアが必要な子どもは、2018（平成 30）年度では、特別支援学校
（公立の幼稚部・小学部・中学部・高等部）の対象者数においては、8,567 名で
全在籍者数の約 6 ％となっています（表 1 - 4）。

　2012（平成 24）年「社会福祉士及び介護福祉法」の一部改正以降、認定さ

表 1 - 4　医療的ケアが必要な特別支援学校（公立）及び小学校・中学校（公立）の幼児児童生徒数、看護師数及び教職員数

人数（人）　　年度	特別支援学校（公立）			小学校・中学校（公立）	
	幼児児童生徒数（人）	看護師数（人）	教職員数（人）	児童生徒数（人）	看護師数（人）
2012（平成 24）年度	7,531	3,236	1,291	838	
2013（平成 25）年度	7,842	3,943	1,354	813	
2014（平成 26）年度	7,774	3,448	1,450	976	
2015（平成 27）年度	8,143	3,428	1,566	839	350
2016（平成 28）年度	8,116	4,196	1,665	766	420
2017（平成 29）年度	8,218	4,374	1,807	858	553
2018（平成 30）年度	8,567	4,366	2,042	974	730

出典：文部科学省「平成 29 年度特別支援教育に関する調査の結果について　平成 29 年度特別支援学校等医療的ケアに関する調査結果について」「平成 30 年度特別支援教育に関する調査について　平成 30 年度学校における医療的ケアに関する実態調査」に基づき作成。小学校・中学校の看護師数は 2015（平成 27）年度から調査が開始された。

れた教員（認定特定行為業務従事者）が行える行為が、喀痰吸引（口腔内・鼻腔内・気管カニューレ内）と、胃ろうまたは腸ろうによる経管栄養、経鼻経管栄養となり、それ以外の医療的ケアは看護師が実施することなど、法令上の位置付けが明確になりました。特別支援学校では、医療的ケアを実施することが可能と認定された教員は、2018（平成 30）年度で 2,042 人、看護師も同年度 4,366 人と、2012（平成 24）年度以降ともに漸増しています。小学校・中学校では、医療的ケアを実施する看護師は、2018（平成 30）年度は、2015（平成 27）年度の 2 倍に増えています（表 1 - 4）。

　近年の特徴としては、人工呼吸器の管理などの特定行為以外の医療的ケアを必要とする子どもが在籍することや、小学校・中学校に在籍する医療的ケアの必要な子どもが増えているなど、医療的ケア児を取り巻く環境が変化しています。そのため、学校における組織的体制・危機管理体制の整備、医行為の水準の確保、学校、教育委員会と医療機関との連携協力などがますます求められるようになっています[1]。

4）特別支援学校（肢体不自由）における各教科の指導

　肢体不自由のある子どもは、障害の状態からさまざまな学習上の困難があ

り、各教科の指導では、困難さに対応した指導上の工夫が必要となります（第4章参照）。特に脳性まひ児の場合には、空間認知の困難さなど視知覚に特性がある可能性があるという想定のもとに、指導することが肝要です[2]。特別支援学校（肢体不自由）では、肢体不自由のみの単一の障害の子どもが在籍する割合が低いことなどがあり、肢体不自由児の実態に即した適切な教科指導の充実が課題となっています。

5）インクルーシブ教育システム構築と特別支援学校のセンター的機能

2007（平成19）年度以降、特別支援学校の目的の一つとして、学校教育法に「センター的機能」が、「幼稚園、小学校、中学校、義務教育学校、高等学校又は中等教育学校の要請に応じて、（中略）幼児、児童又は生徒の教育に関し必要な助言又は援助を行うよう努めるものとする」ものとして位置づけられました。特別支援教育における地域の中核機関として、特別支援学校の専門性を地域の幼稚園・小学校・中学校・高等学校などへ提供することとなりました。2013年以降は特に、インクルーシブ教育システム構築のために、小学校・中学校・高等学校などにおける肢体不自由児の指導に関する助言や援助、地域におけるネットワークづくり、特別支援学校におけるセンター的機能を展開するための組織づくりなど、より一層の発展・充実が求められています[3]。

6）その他

上述した以外に、特別支援学校（肢体不自由）における教育上の課題として、自立活動の指導、摂食指導、ICT・AT（支援機器）の活用、キャリア教育・進路指導、教材・教具の開発などがあげられます。いずれも、学校における指導の充実とセンター的機能の提供の二つの観点から、より一層の進展が求められています（第5～9章参照）。

（4）肢体不自由特別支援学級の現状

小学校・中学校・義務教育学校の肢体不自由特別支援学級の学級数・在籍者数・1学級当たりの在籍者数（在籍者数を学級数で除した数値）の推移は、図1-1のとおりです。2020（令和2）年度には、学級数が3,192学級、在籍者数は4,685人となっています。

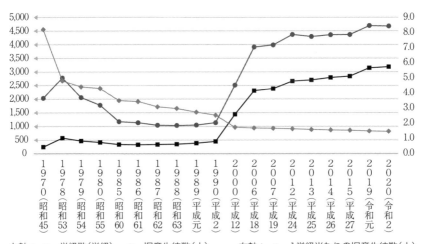

図1-1　小学校・中学校・義務教育学校における肢体不自由特別支援学級（特殊学級）の学級数と児童生徒数の推移（各年度5月1日付）

出典：2006（平成18）年度までは文部科学省（旧文部省）「特殊教育資料」、2007（平成19）年度以降は文部科学省「特別支援教育資料」に基づき作成。

　国立特別支援教育総合研究所による2014年と2019年の全国の小学校・中学校肢体不自由特別支援学級を対象とした調査から次のことが示唆されます[4]。①在籍する児童生徒：学級の在籍者数は1人が多く、移動・上肢操作の困難や脳性まひが多い、②教育課程：小学校・中学校の当該学年の各教科の目標・内容で学習する児童生徒が多い、③特別支援学校のセンター的機能：活用または活用したい内容としては、肢体不自由の特性や姿勢・運動動作に関すること、自立活動に関することが上位、④肢体不自由特別支援学級担任：肢体不自由教育の経験年数は、5年未満が90％であり、継続して担当する者は極めて少ない、などです。

　また、肢体不自由特別支援学級に在籍する児童生徒の障害の程度として、特別支援学校に在籍する障害の程度とされる児童生徒（学校教育施行令第23条の3）の在籍率（2019［令和元］年度）が26％となっています[＊4]。このことは、特別支援学級においては、表1-1に示した肢体不自由特別支援学級相当の障害の程度だけではなく、実態としては、特別支援学校（肢体不自由）

相当から肢体不自由特別支援学級相当までと、特別支援学級に在籍する子どもの障害の程度の幅が広いことがわかります。

　さらに、肢体不自由特別支援学級（肢体不自由特殊学級）の特徴は、1学級当たりの児童生徒数が一貫して減少していることです。1989（平成元）年度の1学級当たり2.7人から、2006（平成18）年度以降は1.7人となっています。このことは、学級担任と学級の在籍児童生徒の比率が1対1または2となっていることを意味しており、学級担任と在籍児童生徒がともに通常の学級での授業に参加する形態により、交流及び共同学習での授業が実施されていると推測されます。インクルーシブ教育システム構築が進行している中で、肢体不自由児にとって、連続する多様な学びの場の一つとして、肢体不自由特別支援学級の進展が求められています。

(5) 通常の学級と通級による指導（肢体不自由）の現状

　小学校・中学校の通常の学級に在籍している児童生徒については、文部科学省による小学校・中学校の通常の学級に在籍する学校教育法施行令第22条の3に該当する児童生徒の在籍者数についての調査があります（表1-5）。近年は、小学校・中学校を合わせて2013（平成25）年度から2019（令和元）年度（2018［平成30］年度を除く）までの在籍者数は、421から586人の間で推移しています。この第22条3に該当する児童生徒の障害は、表1-1に示したように、特別支援学校（肢体不自由）相当の障害の程度であり、肢体不自由の程度としては相対的に重いということになります。また、国立特別支援教育研究所による2016（平成28）年の全国調査があり、小学校・中学校の通常の学級に在籍する肢体不自由児は、それぞれ902人と357人で合計1,259名でしたが、この調査を分析した研究では、学校教育法施行令第22条の3に該当しない児童生徒が含まれていることが推察されています[5]。これらのことから、通常の学級には、肢体不自由の程度が比較的軽い者だけではなく、重い者も在籍していることが推測されます。

　また、小学校・中学校・高等学校等の通常の学級には、肢体不自由児が在籍していますが、在籍している学級で必要な配慮を受けながら学習している場合と、併せて通級による指導も受けている場合があります。後者の通級に

表1-5　小学校・中学校の通常の学級に在籍する学校教育法施行令第22条の3
該当者数の推移（各年度5月1日付）

年度	○ア：小学校・中学校の通常の学級に在籍する学校教育施行令第22条の3該当者数 ○イ：アの内、通級による指導（肢体不自由）を受けている者の人数	小学校（人）	中学校（人）	合計（人）
2013（平成25）	ア	417	169	586
	イ	1	7	8
2014（平成26）	ア	383	169	552
	イ	7	1	8
2015（平成27）	ア	355	161	516
	イ	5	30	35
2016（平成28）	ア	359	216	575
	イ	13	13	26
2017（平成29）	ア	343	152	495
	イ	28	5	33
2019（令和元）	ア	276	145	421
	イ	24	12	36

出典：文部科学省「特別支援教育資料」に基づき作成。なお、2018（平成30）年度については、小学校1年生と中学校1年生の集計値のみであったため、除外した。

よる指導を受けている児童生徒数は表1-6に示したとおりです。

　他の障害種に比べると、通級による指導（肢体不自由）を受けている者はかなり少ないという特徴があります。肢体不自由児の場合には、身体の運動・動作や姿勢、言語などについて、乳幼児期から医療におけるリハビリテーションによる治療が続いていて、そのことが要因となっている可能性はあります。しかしながら、通常の学級に在籍している子どもの肢体不自由の状態を勘案するならば、学習上または生活上の困難を克服するために、通級による指導としての自立活動は、現状よりもっと必要である場合が多いことが考えられます。

　通常の学級に在籍して通級による指導を受けることは、インクルーシブ教育の構築における連続的で多様な教育の場の役割として重要であり、児童生徒個々における自立活動の必要性を精査し、通級による指導としての自立活動を適切に設定することが求められます[5]。

表1−6　通級による指導（肢体不自由）を受けている児童生徒数の推移（各年度5月1日付）

（和暦）年度	小学校児童数（人）	中学校生徒数（人）	高等学校生徒数（人）	計	通級による指導を受けている児童生徒数の総計（人）
1995（平成7）	6	0		6	16,700
2000（平成12）	4	3		7	27,547
2006（平成18）	5	1		6	41,448
2007（平成19）	11	0		11	45,240
2012（平成24）	16	1		17	71,519
2013（平成25）	19	7		26	77,882
2014（平成26）	35	5		40	83,750
2015（平成27）	61	7		68	90,105
2018（平成30）	98	31	5	134	123,095
2019（令和元）	82	38	4	124	131,185

出典：2006（平成18）年度までは文部科学省（旧文部省）「特殊教育資料」、2007（平成19）年度以降は文部科学省「特別支援教育資料」に基づき作成。
※高等学校における通級による指導は、2018（平成30）年度から開始された。

② 肢体不自由教育の歴史

　次に、肢体不自由教育の草創期以降、特殊教育制度から特別支援教育に切り替わる時期までを振り返ります。本節では、『特殊教育百年史』文部省（1978年）、『肢体不自由教育の発展　改訂増補版』肢体不自由養護学校長会編（1981年）、『肢体不自由教育の手引き』文部省（1982年）、『新版　日本の肢体不自由教育──その歴史的発展と展望』村田茂（1997年）を、特に参考にしました。

（1）肢体不自由教育の始まり──1932〜1944（昭和7〜19)年
　明治政府は、欧米列強に追いつくために近代化の一環として、1872（明治5）年に、義務教育制度を含む近代教育制度を学制として制定しました。その後、肢体不自由児の教育については、1900（明治33）年に小学校令が改正され、肢体不自由児は「不具廃疾」として就学免除の対象となり教育制度から外れることとなります。こうしたなか、本邦の肢体不自由教育は、東京市

立光明学校の開校により始まります。

1）東京市立光明学校の開校——1932（昭和7）年

東京帝国大学の整形外科学教室初代教授の田代義徳（大学退官後東京市会議員）、東京市教育局長の藤井利誉などが肢体不自由児の教育について必要性を唱え尽力する中、1932（昭和7）年6月、日本最初の肢体不自由児を対象とした東京市立光明学校（現、東京都立光明学園）が、現在の東京都港区南麻布（その後、世田谷区松原に移転）に、小学校に類する各種学校として認可され開校しました。

東京市立光明学校の開校時に在籍した肢体不自由児の疾患は、脳性まひ13名、脊髄性小児まひ10名、脊椎カリエス8名、まひ性内反足3名、先天性両側股関脱臼2名、左側結核性股関節炎・右側股関節脱臼2名、その他3名でした[6]。教育内容については、教科はおおむね小学校令に準じ、国語（読方、書方、綴方）に聴方科と読書科を加え、生活科を特設していました。また、教育領域として、普通教育、職業教育、身体の治療・矯正、養護を掲げていました。加えて治療・矯正として、学校の職員として看護婦（当時）が校医の指示によりマッサージ療法や矯正体操などを行っていました。

その後、光明学校は、国民学校、小学校・中学校を経て、1957（昭和32）年に東京都立光明養護学校となりました。

2）肢体不自由教育の萌芽としての柏学園——1921（大正10）年

学校教育の範疇ではないですが、光明学校開校以前の1921（大正10）年に、旧制師範学校の体育教師であった柏倉松蔵が私財を投じ、当時の東京市小石川区に創設した柏学園があります。柏学園では、柏倉松蔵と柏倉とく夫妻が、肢体不自由児を対象に小学校に準ずる教育と体操、マッサージを行っていました。1959（昭和34）年に閉園となりました。柏学園は私塾でしたが、本邦における肢体不自由児の教育への萌芽と言えます。

3）本邦の肢体不自由児療育事業の始祖である高木憲次と整肢療護園の創設——1942（昭和17）年

「肢体不自由」という用語を1929（昭和4）年ごろに創出し、本邦の肢体不自由児療育事業の始祖とされる、東京帝国大学整形外科学教室の二代目教授高木憲次がいます。高木は、1918（大正7）年ごろから提唱していた教育

と医療の機能を兼ね備えた「夢の楽園教療所」を、自らがドイツにおいて見聞した「クリュッペルハイム」のような、治療・教育・職能（医療・教育・職業指導）の機能のある施設の構想として、1924（大正13）年「国家医学雑誌」に発表しました。その後、高木は、この提言を実現する施設として、東京に整肢療護園を創設しました。太平洋戦争・第二次世界大戦敗戦後に制定された児童福祉法による肢体不自由児の療育のための肢体不自由児施設が全国に設置されていく際に、高木と整肢療護園は、指導的・中心的な役割を果たすこととなります。

(2) 特殊教育における肢体不自由教育の展開
　　── 1945〜1954 年（昭和 20 年代）／ 1955〜1964 年（昭和 30 年代）

　太平洋戦争・第二次世界大戦の敗戦後、1947（昭和 22）年に教育基本法、学校教育法が制定され、特殊教育や義務教育制度なども含めて新たな学校教育の枠組みによる教育が始まりました。肢体不自由教育では、まず小学校・中学校肢体不自由特殊学級、次に肢体不自由養護学校が設置され、教育が展開されました。

1）肢体不自由特殊学級と肢体不自由養護学校の展開

　1950（昭和 25）年以降、全国的に児童福祉法による肢体不自由児の療育のための施設として、肢体不自由児施設（医療法による病院を兼ねる）が設置されました。入所した肢体不自由児の義務教育が課題となり、この施設内に、近隣の小学校・中学校の特殊学級が設置され教育が行われるようになりました。

　一方、養護学校については、学校教育法上は規定されていましたが、学校教育法の附則により養護学校教育の義務制施行が事実上棚上げされていました。その後、この状況を改善するために、文部省、日本肢体不自由児協会等の民間団体や教職員組合による養護学校設置の拡充に向けた運動が展開され、議員立法として「公立養護学校整備特別設置法」が成立し、1957（昭和 32）年から全面的に施行されました。これを受けて、1957（昭和 32）年度には、日本の肢体不自由養護学校は、大阪府立養護学校（後に大阪府立堺養護学校）、愛知県立養護学校（後に愛知県立名古屋養護学校）、東京都立光明養護学校、

神戸市立友生養護学校の4校となりました。

　2）肢体不自由教育における児童生徒の疾患、学習指導要領及び教育上の課題

　1954（昭和29）年度の文部省（当時）の調査によると、上位4つの疾患は、関節疾患24.97%、脊髄性小児まひ（ポリオ）20.13%、脳性まひ14.55%、結核性骨・関節疾患14.22%でした[7]。このように、1960（昭和35）年ごろまでは、これらを起因疾患とする肢体不自由のみの単一障害の児童生徒が、肢体不自由教育の主な対象でした。

　それまで養護学校の学習指導要領が作成されていませんでしたが、1963（昭和38）年に「養護学校小学部学習指導要領肢体不自由教育編（昭和38年2月27日付、文部次官通達）」が制定され、教育課程編成の基準が明確になりました。このときに想定された教育対象は、肢体不自由の単一障害で、教室に通って授業を受けることが可能な者とされ、重複障害児と肢体不自由児施設などの入院治療中の場合については、特例として位置づけられました。

　また、この時期は、医療と教育との調和ということが問題とされていました。その後の教育上の課題となる、体育・機能訓練（後の「養護・訓練」「自立活動」）や医療的ケアなど、肢体不自由教育における教育と医療の連携に関する課題は、連綿と続いていることが見て取れます。

（3）肢体不自由養護学校の拡充と展開

　　―― 1965 ～ 1974 年（昭和40年代）／ 1975 ～ 1984 年（昭和50年代）

　1）肢体不自由養護学校の拡充、障害の重度・重複化と教育内容・方法の課題

　文部省は、1960（昭和35）年度を初年度として、5年間で全国都道府県に肢体不自由養護学校を設置する計画を立てましたが、実際には1969（昭和44）年度に、滋賀県に県立の肢体不自由養護学校が設置され、全国の各都道府県に肢体不自由養護学校が設置されました。肢体不自由養護学校設置とともに、1965（昭和40）年ごろから、前述の4つの疾患のうち「脳性まひ」の割合だけが増加しました。これは、他の主な疾患であるポリオは1961（昭和36）年以降の予防ワクチン服用の実施、骨・関節結核は公衆衛生の向上により、それぞれが根絶されたことによります。加えて、先天的股関節脱臼も、乳児検診普及による早期発見と治療により激減しました[7]。

また、1971（昭和46）年３月に「養護学校（肢体不自由教育）小学部・中学部学習指導要領」が告示され、脳性まひ児の在籍割合の増加に対応した改訂となりました。「脳性まひ等の児童及び生徒に係る各教科についての特例」が新設され、教育課程における弾力的な対応が可能となったのです。

　さらに、「養護・訓練」の領域が設けられたことは、この時期の教育上の課題としては、画期的なことでした。1963（昭和38）年学習指導要領制定以降、肢体不自由養護学校においては、小学部では「体育・機能訓練」・中学部では「保健体育・機能訓練」として、新設された「養護・訓練」の前身が位置づけられていましたが、その内容は理学療法などに基礎をおくものであり、かつ特別な技能をもつ教員が学校医の処方に基づき行うこととなっていました。それに対して、「養護・訓練」では、指導する児童生徒にとって必要な幅広い内容が含まれ、全教師が「養護・訓練」に主体的に取り組むこととされました。肢体不自由教育において、「養護・訓練」の充実はその中核であり、この時期の肢体不自由養護学校における中心的な教育上の課題でもありました。

2）訪問教育の始まり、養護学校教育の義務制（1979［昭和54］年）への展開

　養護学校などの教員が家庭または施設・病院へ、週に数回訪問して教育を行う訪問教育は1968、1969（昭和43、44）年より始まり、就学猶予・免除を受けている児童生徒への教育の保障の一つとして実施されるようになりました。その後、1978（昭和53）年度から国による補助がなされるとともに、訪問教育は、養護学校教育の一つの形態として位置づけられることになります。

　そして、長年の課題となっていた養護学校教育の義務制について、文部省は、1973（昭和48）年には、「学校教育法中養護学校における就学義務及び養護学校設置義務に関する部分の施行期日を定める政令」を発出し、養護学校教育の義務制が1979（昭和54）年度から実施されることを確定させました。このことにより、保護者が子どもを養護学校へ就学させる義務と都道府県の設置義務からなる養護学校の義務制が1979（昭和54）年度から実施され、それまで就学猶予・免除の対象となっていた児童生徒の教育を受ける権利が、ここでようやく保障されることになりました。

　一方、養護学校教育の義務制に対しては、法令上、障害の程度の基準（当

時：学校教育法施行令第22条の2）に応じて養護学校に就学することが規定され、小学校などの通常の学校への就学が認められないことなどから、障害当事者団体や労働組合などによる反対運動が起きました。その後、運動は下火になりますが、通常の学校への志向という点では、現在のインクルーシブ教育の考え方に通じるという見方ができます。

3）養護学校教育の義務制実施と教育上の課題

　養護学校教育の義務制に対応するため「盲・聾・養護学校小学部・中学部学習指導要領」などが改訂され、1979（昭和54）年7月に告示されました。重複障害教育における教育課程編成の一層の弾力化、訪問教育に関する教育課程編成の特例などが規定されました。また、それまで盲学校、聾学校及び養護学校における学習指導要領が、障害種ごとに作成されていましたが、特殊教育諸学校共通のものとなりました。

　こうして、制度的には特殊教育は整ったわけですが、肢体不自由養護学校の増設、小学校・中学校における肢体不自由教育の進展、教員の専門性向上、教員養成や施設・設備の充実など引き続き多くの課題がありました。特に求められたのは、発達的には乳児期・幼児前期の段階に該当する児童生徒に応じた教育内容の充実と指導法の開発でした。この時期は、発達や障害の状態像が多様である重度・重複障害児に応じた指導内容・方法の開発や、個に応じた指導をより一層推進することが教育上の重要な課題となっていたのです。重度・重複障害児の指導では、複数の教師がチームで指導する体制が一般的になり、チームティーチングとしての指導組織の在り方や、児童生徒の適切な学習集団の編成の在り方についても、実践的な検討が求められていました。また、肢体不自由児の認知特性に応じた各教科の指導、教科指導の入門期の指導、進路先の開拓を含めた進路指導並びに医療との連携などは引き続き課題となっていました。

（4）重度・重複化の進展と医療的ケア、特別支援教育への助走
　── 1985〜1994（昭和60〜平成6)年／1995〜2004（平成7〜16)年

1）重度・重複化及び多様化の進展

　養護学校教育の義務制施行以降も重度・重複化の傾向はその後も続き、顕

著となります。文部省（2001［平成13］年度から省庁再編により文部科学省）の特殊教育資料（2007［平成15］年度から特別支援教育資料）によれば、1985（昭和60）年度と1990（平成2）年度肢体不自由養護学校小学部・中学部在籍者に占める重複障害学級在籍者の割合は、それぞれ53.9％と59.9％、盲・聾・養護学校小学部・中学部在籍者全体に占める重複障害学級在籍者の割合は、それぞれ36.6％と38.3％となっており、肢体不自由養護学校は、他の特殊教育諸学校に比較して特に高くなっています。その後、1990（平成2）年度以降、肢体不自由養護学校小・中学部在籍者に占める重複障害在籍率は、70％台で推移し、特殊教育制度の最終年度である2006（平成18）年度には、75.3％となりました。2018（平成30）年度の盲・聾・養護学校小学部・中学部在籍者全体に占める重複障害在籍者の割合は、51.6％であることから、依然として肢体不自由養護学校における重複障害学級在籍率は高く、重度・重複化が続いていたことが看取されます。

　また、1989（平成元）年度以降、小・中学校における肢体不自由特殊学級在籍者が一貫して増えており、地域での自立や社会参加を志向したノーマライゼーション理念の影響がその背景に見て取れます。

2）医療的ケアの課題と対応

　1985（昭和60）年ごろから、大都市圏を中心に、呼吸障害や摂食障害を伴う常時医療的ケアが必要な児童生徒が肢体不自由養護学校に在籍するようになり、1989（平成元）年ごろからは全国的に問題となります。

　そのような中、1988（昭和63）年から、大都市圏の都道府県・政令指定都市において、対応を検討するための委員会の設置や指導医の巡回、看護師の配置、手引書の作成などが実施され、1998（平成10）年になり、文部省は、厚生省（2001［平成13］年から省庁再編により厚生労働省）といくつかの都道府県教育委員会と協力して医療的ケアの実践的研究を実施するようになりました。その後、この実践的研究での成果も踏まえ、2004（平成16）年には、看護師の適正配置など盲・聾・養護学校における体制整備の条件が満たされれば、医師・看護師の資格がない教員が研修を受け、咽頭手前までの吸引、留置されている管からの経管栄養、自己導尿の補助についての実施が許容されることはやむをえない、という趣旨の通知が厚生労働省から文部科学省に

出されました。この通知を受けて、文部科学省は、各都道府県・政令指定都市教育委員会などに、同様の趣旨の通知を出しました。

このように、医療的ケアにおける法令上の解釈を含め、実施のための体制整備のガイドラインが示されました。この後、このガイドラインに基づいた医療的ケアが実施され体制の整備が進みました[8]。

3) 特殊教育から特別支援教育への転換

この時期は、日本においても世界的な潮流であるノーマライゼーションの進展、インテグレーション・インクルージョンへの志向、特別な教育的ニーズ概念の広がりなど、特殊教育を取り巻く状況にかなりの変化がありました。そのような中、文部省に設置された調査協力者会議は、2001（平成13）年1月に、「21世紀の特殊教育の在り方について」（最終報告）を公表し、特殊教育の改善を提言しました。続いて、2003（平成15）年3月には、「今後の特殊教育の在り方」（最終報告）において、その提言を特別支援教育の枠組みとして報告しました。その後、文部科学省中央教育審議会は、2005（平成17）年に、「特別支援教育を進めるための制度の在り方について」（答申）を出して、2006（平成16）年に学校教育法が改正され、2007（平成19）年度から特殊教育から特別支援教育へと制度が転換されました。

特殊教育と特別支援教育の相違は、理念的には、「障害の種類と程度」に応じた教育から「（特別な）教育的なニーズ」に応じた教育となったことです。特別支援教育では、児童生徒の個々の教育的なニーズを基に、どのような教育の場においても適切な教育支援を行うということとなりました。また、制度面では、①盲・聾・養護学校を障害種にかかわらず特別支援学校として一本化することや、地域の小学校・中学校などへの助言・援助を実施する地域のセンター的機能をもたせること、②小学校・中学校の通常の学級に在籍する学習障害などの児童生徒に対する適切な指導を行うことなどを含めて、小学校・中学校における特別支援教育を進展させることとなりました。

ここまで肢体不自由教育の現状と歴史について概説しました。これからも幼児児童生徒個々の教育的ニーズに応じた肢体不自由教育の発展が、インクルーシブ教育システム構築が進展するなかで求められ続けることとなります。

注

* 1　統計は次によった。文部省・文部科学省「特殊教育資料　1963（昭和38年度から
　　2002（平成14）年度まで」及び文部科学省「特別支援教育資料2003（平成15）年
　　度から2020（令和2）年度まで」、国立特別支援教育総合研究所「特別支援教育関
　　連情報　統計資料」: https://www.nise.go.jp/nc/database（2022年5月1日最終閲覧）、
　　文部科学省「特別支援教育資料関連」https://www.mext.go.jp/a_menu/shotou/tokubetu/
　　1343888.htm（2022年5月1日最終閲覧）、及び文部科学省「特別支援教育に関する
　　調査の結果関連2007（平成19）年度から2019（令和元）年度まで」https://www.
　　mext.go.jp/a_menu/shotou/tokubetu/1343889.htm（2022年5月9日最終閲覧）。

* 2　全国特別支援学校肢体不自由教育校長会（全国肢体不自由養護学校長会）が、毎年
　　度実施している「児童生徒病因別調査」の1991（平成3）年度、2006（平成18）年
　　度、2018（平成30）年度報告を参照した。

* 3　国立特別支援教育総合研究所による2010（平成22）年の特別支援学校を対象とし
　　た調査「特別支援学校における新学習指導要領に基づいた教育課程編成の在り方に
　　関する実際的研究（平成22～23年度）研究成果報告書」（2012［平成24］年3月
　　発行）に次の記載あり。「障害別の教育課程編成の特徴については、肢体不自由部
　　門単独の学校では他の障害に比較して小中高等部一貫して「自立活動を主とした教
　　育課程」、「知的障害特別支援学校の教育課程」を編成する学校が多い」。

* 4　「特別支援教育資料（令和元年度）」（文部科学省、令和2年9月）によると「小学
　　校・中学校・義務教育学校の肢体不自由特別支援学級の在籍者数（任）」は4,697人、
　　そのうち「学校教育施行令第22条の3該当者数」は1,222人であった。このことか
　　ら、肢体不自由特別支援学級全在籍者数に占める「学校教育法第22条の3該当者
　　数」の割合は、26%となる。https://www.mext.go.jp/a_menu/shotou/tokubetu/material/
　　1406456_00008.htm（2022年5月9日最終閲覧）

引用・参考文献

1)　文部科学省（2019）「学校における医療的ケアの実施に関する検討会議」、「学校におけ
　　る医療的ケアの実施に関する検討会議（最終まとめ）」。https://www.mext.go.jp/a_menu/
　　shotou/tokubetu/material/1413967.htm（2022年5月9日最終閲覧）

2)　筑波大学附属桐が丘特別支援学校（2019）『肢体不自由のある子どもの教科指導Q＆A
　　～「見えにくさ・捉えにくさ」を踏まえた確かな実践～』ジアース教育新社、3–9頁。

3)　文部科学省「中央教育審議会初等中等教育分科会特別支援教育の在り方に関する特別
　　委員会」（2012）「共生社会の形成に向けたインクルーシブ教育システム構築のための
　　特別支援教育の推進（報告）」。https://www.mext.go.jp/b_menu/shingi/chukyo/chukyo3/
　　044/houkoku/1321667.htm（2022年5月6日最終閲覧）

4)　北川貴章・吉川知夫・生駒良雄・久道佳代子（2022）「小・中学校における肢体不自由
　　特別支援学校の特徴——平成26年度及び令和元年に実施した全国調査結果の比較を通
　　して」『国立特別支援教育総合研究所紀要』第49巻、13–23頁。

5)　吉川知夫・北川貴章・生駒良雄・杉浦徹（2019）「小・中学校に在籍する肢体不自由の

ある児童生徒の指導等に関する現状と課題、国立特別支援教育」『国立特別支援教育総合研究所紀要』第 46 巻、29–41 頁。

6）東京市立光明學校（2004／原本第一輯 1932）「東京市立光明學校　自第一輯至第七輯（復刻版）」（非売品）、『光明學校紀要』復刻刊行委員会代表伊藤光雄、49 頁。

7）文部省（1982）『肢体不自由教育の手引き』社会福祉法人日本肢体不自由児協会、15–16 頁。

8）阿部晴美（2021）「肢体不自由教育の歩み(4)　医療的ケアの歴史と学校での取組」『肢体不自由教育』第 248 号、42–48 頁。

・安藤隆男・藤田継道編著（2015）『よくわかる肢体不自由教育』ミネルヴァ書房。
・安藤隆男（2014）「小・中学校における肢体不自教育の充実と特別支援学校への期待」『肢体不自由教育』第 223 号、10–15 頁。
・安藤隆男（2021）『新たな時代における自立活動の創成と展開――個別の指導計画システムの構築を通して』教育出版。
・分藤賢之（2016）「インクルーシブ教育システム構築における肢体不自由教育の進展」『肢体不自由教育』第 227 号、4–9 頁。
・古川勝也・一木薫編著（2020）『自立活動の理念と実践［改訂版］』ジアース教育新社。
・外務省（2019）「障害者の権利に関する条約（略称：障害者権利条約）」。https://www.mofa.go.jp/mofaj/gaiko/jinken/index_shogaisha.html（2022 年 5 月 1 日最終閲覧）
・早坂方志（2008）「第 1 部第 2 章　主な疾患の変遷と肢体不自由教育の課題」、筑波大学附属桐が丘特別支援学校編著『肢体不自由教育の理念と実践』ジアース教育新社、29–41 頁。
・岩間吾郎（2019）『いびつ伝――日本最初の養護学校を創った柏倉松蔵の物語』文藝春秋企画出版部。
・菅野和彦（2019）「小学校・中学校における肢体不自由教育」『肢体不自由教育』第 242 号、4–9 頁。
・川間健之介・西川公司編著（2014）『改訂版　肢体不自由児の教育』放送大学教育振興会（NHK 出版）。
・川間健之介・長沼俊夫編著（2020）『新訂　肢体不自由児の教育』放送大学教育振興会（NHK 出版）。
・前川喜平（2013）「特別支援教育に携わる教師の皆さんに期待すること」『特別支援教育』第 52 号、2-3 頁。
・文部省（1978）『特殊教育百年史』東洋館出版。
・文部省（1988）『訪問教育の指導の実際』慶應通信（現・慶應義塾大学出版会）。
・文部科学省（2001）「21 世紀の特殊教育の在り方に関する調査研究協力者会議」「21 世紀の特殊教育の在り方について～一人一人のニーズに応じた特別な支援の在り方について～（最終報告）」。https://www.mext.go.jp/b_menu/shingi/chousa/shotou/006/toushin/010102.htm（2022 年 4 月 20 日閲覧）
・文部科学省（2003）「特別支援教育の在り方に関する調査研究協力者会議」、「今後の特別支援教育の在り方について（最終報告）」。https://warp.ndl.go.jp/info:ndljp/pid/9910156/

www.mext.go.jp/b_menu/shingi/chousa/shotou/018/toushin/030301.htm（2022年5月1日最終閲覧）

・文部科学省（2021）「新しい時代の特別支援教育の在り方に関する有識者会議」、「新しい時代の特別支援教育の在り方に関する有識者会議 報告」。https://www.mext.go.jp/b_menu/shingi/chousa/shotou/154/index.htm（2022年5月10日最終閲覧）。

・文部科学省（2022）『障害のある子供の教育支援の手引～子供たち一人一人の教育ニーズを踏まえた学びの充実に向けて～』ジアース教育新社。https://www.mext.go.jp/a_menu/shotou/tokubetu/material/1340250_00001.htm（2023年1月31日最終閲覧）

・村田茂（1997）『新版　日本の肢体不自由教育──その歴史的発展と展望』慶應義塾大学出版会。

・村田茂（2008）「第1部第1章　肢体不自由教育の歩み」、筑波大学附属桐が丘特別支援学校編著『肢体不自由教育の理念と実践』ジアース教育新社、7–28頁。

・長沼俊夫（2013）「肢体不自由特別支援学級の現状と課題──全国調査の結果を踏まえて」『肢体不自由教育』第208号、12–17頁。

・西川公司編著（2000）『重複障害児の指導ハンドブック』社会福祉法人全国心身障害児福祉財団。

・下川和洋（2019）「医療的ケアのこれまで、これから」『肢体不自由教育』第238号、12–17頁。

・下山直人編著（2010）『肢体不自由教育ハンドブック』社会福祉法人全国心身障害児福祉財団。

・下山直人（2010）「小・中学校等における肢体不自由教育の展開」『肢体不自由教育』第194号、4–9頁。

・肢体不自由教育資料研究会編（1992）『証言で綴る戦後肢体不自由教育の発展』日本肢体不自由児協会。

・社会福祉法人日本肢体不自由児協会編（2002）『高木憲次　人と業績（復刻版）』社会福祉法人日本肢体不自由児協会。

・徳永亜希雄（2016）「全国肢体不自由特別支援学級調査報告」『肢体不自由教育』第224号、54–57頁。

・全国肢体不自由養護学校長会編（1981）『肢体不自由教育の発展　改訂増補版』社会福祉法人日本肢体不自由児協会。

・全国肢体不自由養護学校長会編著（2005）『特別支援教育に向けた新たな肢体不自由教育実践講座』ジアース教育新社。

（早坂方志）

第 ② 章

肢体不自由のある子どもの特性と
その理解

　本章では、肢体不自由のある子どもの特性を理解するために、「肢体不自由の子ども」のイメージとその学びを踏まえ、肢体不自由の分類や起因疾患、その特徴を概説します。

　次に、肢体不自由の子どもとの授業を検討する際に基本となる教育学的・心理学的理解について述べます。教育学的理解として、表出・表現の側面（表出過程）や知的処理の側面（思考・判断過程）、外界受容の側面（感覚・知覚過程）を取り上げます。なお、情報機器などの活用は、動きに不自由がある子どもの表出・表現を補うものとして重要です。

　また、心理学的理解として、体験的な活動の少なさの影響や認知の特性、本人の肢体不自由の理解と受けとめを考えます。最後に、肢体不自由の子どもが安全に安心して学校生活を送るための健康管理、さらに医療的ケアについて学びます。

① 肢体不自由と子どものイメージ、その学び

　「肢体不自由」の定義は、「身体の動きに関する器官が、病気やけがで損なわれ、歩行や筆記などの日常生活動作が困難な状態」です。なお、医学的には「発生原因のいかんを問わず、四肢体幹に永続的な障害があるもの」とされています[1]。

　肢体不自由であることは、確かに日常生活の動作に難しさが伴いますが、その状態像は定義を超えて、肢体不自由や知的障害の程度、健康状況など実態は多様です。小学校などの特別支援学級（肢体不自由）や特別支援学校（肢

体不自由）などで学ぶ子どもについて、どのようなイメージを思い浮かべる
でしょうか。次のような子どもたちが教師と一緒に楽しく学校生活を送って
います。

(1) 子どものイメージ

　Aさんは小学校3年生で、特別支援学級で学んでいます。車いすで学校生
活を送っていて、知的障害もあり小学校1年生以前の国語や算数の授業を受
けています。教師と身振りやしぐさ、簡単な言葉でやりとりをしています。

　Bくんは高校3年生で、多くの時間を車いすで過ごしていますが、短い距
離であれば、歩行杖を使って歩くことが可能です。まひのため不明瞭な発音
ですが、友人と普通に言葉でやりとりしています。知的障害はなく、大学受
験にチャレンジします。

　Cさんは、特別支援学校小学部2年生です。首がすわらないので、頭を支
える補助具がついている特別な車いすで学校生活を送っています。知的障害
が重く、わずかな指の動きでスイッチを操作し、おもちゃを動かすことがあ
ります。教室では乾燥を防ぐなど、健康管理が重要になっています。

(2) 単一障害と重複障害

　上述の肢体不自由の子どもは、肢体不自由や知的障害の程度、表出・表現
の状況などに違いがあります。また視覚障害や聴覚障害を併せ有する場合も
あり、その状態像は多様です。

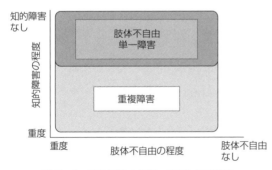

図2-1 肢体不自由の単一障害と重複障害

　図2-1に示すように、障害が肢体不自由だけの場合が「単一障害」になり、上述のイメージのBくんがそうです。また知的障害を併せ有する場合が「重複障害」であり、イメージのAさん、Cさんは重複障害です。

　特別支援学校（肢体不自由）小・中学部で学ぶ子どもは、主として肢体不自由と知的障害の「重複障害」の割合が約51.6％と高く、学校生活を送るうえで、授業に参加する際に、それぞれの子どもに応じた支援が必要になっています[2]。

（3）子どもとの授業を前提とした理解の基本

　上述のイメージのAさんやBさん、そしてCさんは、学校で教師や仲間と一緒に授業に参加します。肢体不自由や知的障害の状態、学習状況の実態はそれぞれで違いますが、共通していることは何でしょうか。

　共通していることは、子どもが教師と「やりとり」をして、「つながり」をつくり、子ども自身の言葉や身振り、表情を活用して表現し、頭を働かせて、その子どもなりに「学ぶこと」に取り組んでいることです。

　そのような子どもと教師とのやりとりを手がかりに、知識を身につけ、それを活用して思考し、判断する力を高めることが大切です。ここでは、そのために必要な肢体不自由の子どもの理解について考えます。

② 肢体不自由の分類や起因疾患、その特徴

　肢体不自由の理解の基礎となる肢体不自由の分類、手足や体幹を動かすメカニズムと代表的な疾患、さらに「脳性まひ」について取り上げます。子どもとの授業に取り組む際の基礎事項として理解しておきましょう。

（1）肢体不自由の2つの分類

　肢体不自由を理解する際に、形態的側面と機能的側面で把握することがあります[1]。肢体不自由教育の対象者の大部分は機能的側面の肢体不自由の子どもです。

1）形態的側面の肢体不自由

　表2−1に肢体不自由の分類を示しました。

　形態的側面とは、腕や脚を喪失しているなどの肢体不自由で、外観からわかる障害です。例えば、胎児の頃に発症する先天性四肢形成不全や事故・疾

表2-1　肢体不自由の分類

形態的側面	先天性四肢形成不全	
	四肢等切断喪失	
機能的側面	脳原性疾患	脳性まひなど
	脊椎・脊髄疾患	二分脊椎など
	筋原性疾患	筋ジストロフィーなど

出典：文献1）を元に筆者が作成

病に伴う四肢等切断喪失などがあります。また、関節や脊柱が硬くなり拘縮や脱臼・変形が生じる骨関節疾患や骨系統疾患が含まれます。この場合、中枢神経系の障害でないために、基本的には知的障害を伴うことはありません。

　2）機能的側面の肢体不自由

　それに対して、機能的側面とは、四肢や体幹に欠損はなく、手足を動かす機能に障害がある場合です。大脳を含めた中枢神経系や脊髄、筋の機能障害などであり、脳原性疾患、脊椎・脊髄疾患、筋原性疾患が含まれます。

　なかでも特に、脳原性疾患の場合が多く、知的障害やてんかん、言語障害を伴う割合が高いのが現状です。

　3）特別支援学校（肢体不自由）に在籍する子どもの起因疾患

　特別支援学校（肢体不自由）に在籍する子どもの起因疾患について、近年の状況をみると、脳原性疾患が約67％、脊椎・脊髄疾患及び筋原性疾患がそれぞれ約4％で、骨関節疾患や骨系統疾患はそれぞれ1％前後となっています。

　また、脳原性疾患の内訳では、脳性まひが減少傾向にありつつも最多で34％であり、その他の脳性疾患が33％と増加傾向です。主として胎生期に原因のある脳原性疾患が増えていて、知的障害や視覚障害などが併存し、さらに呼吸などの生命維持の難しさを有する状態像となっています[3]。

（2）手足を動かす仕組みの基礎と代表的な疾患

　肢体不自由の子どもが直面する問題は、主に姿勢を保ったり手足を意図どおりに動かしたりすることの困難さにあります。身体を動かす仕組みの基本を踏まえることが、子どもの直面する難しさを理解する土台になります。手

足を動かす際には、中枢神経脳レベルで運動の指令がつくられ、中枢神経脊髄レベルを介して、筋（効果器）を収縮させ、その結果、手足を動かすことになります[4]。この仕組みを手足の筋などのレベルから大脳レベルまで説明して、機能的側面の肢体不自由につながる疾患について理解します（図2-2）。

1）効果器・末梢神経レベル

「物をつかむ、離す」という動きを実現するためには、「つかむ」ための指の動きが必要になります。そのためには、指を構成する関節、筋（腱）があり、その筋の収縮と弛緩で、指の動きを生じさせます。まず、この関節や筋の機能に低下があれば、意図どおりに物がつかめなくなります。

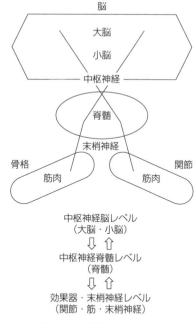

図2-2　手足を動かす仕組み
出典：文献4）を元に筆者が作成

そして、この筋を収縮・弛緩させるように指令を出すのが神経であり、「つかむ」ための筋とつながりがある神経を末梢神経といいます。

筋の機能低下による代表的な疾患は、「筋ジストロフィー」です。筋ジストロフィーは、筋力低下が徐々に進み、移動や姿勢保持、さらには上肢の操作や呼吸が難しくなります。

2）中枢神経脊髄レベル

末梢神経や筋に伝えらられる指令は、大脳などの中枢神経でつくられます。その指令を末梢神経や筋に伝えるのが脊髄です。また、全身の皮膚や筋からの情報は脊髄を介して、大脳などのレベルに伝えられます。この脊髄の機能に低下があれば、関節や筋の機能が維持されていても、大脳などの中枢神経でつくられた指令が筋に伝わらなくなり、動きに不自由さが生じます。

脊髄レベルの疾患で代表的なものは「二分脊椎」です。二分脊椎は、胎児

の頃からの脊椎の形成不全・奇形であり、脊髄神経に損傷が生じて、その多くには、下肢のまひ・感覚障害・排泄の障害が生じます。脊髄神経のみの障害であれば、知的障害や言語障害を伴うことはありません。

3) 中枢神経脳レベル

手足を動かすなど主となる指令をつくるのが大脳であり、それとともに小脳は体全体の筋に細かい指令を出したり、身体のバランスを調整したりします。大脳の機能が低下すれば、適切に「つかむ」ための指への指令や結果としての動きが生じなくなり、小脳の機能が低下すれば、つかむための姿勢の調整が難しくなります。

脳レベルにおける代表的な疾患は、「脳性まひ」です。脳性まひは、妊娠中から生後約1カ月の間に発生した脳の損傷が原因で、運動機能の障害を示す疾患です（表2-2）[5]。座る・立つ、物をつかむ・離す動作が難しくなり、知的障害などを伴うこともあります。

表2-2　脳性まひとは

> 受胎から新生児期（生後4週間以内）までの間に生じた脳の非進行性病変に基づく、永続的なしかし変化しうる運動および姿勢の異常である。その症状は満2歳までに発現する。進行性疾患や一過性運動障害または将来正常化するであろうと思われる運動発達遅延は除外する。[5]

(3) 代表的な脳原性疾患である「脳性まひ」について

肢体不自由の特別支援学校で学ぶ子どもの34％が脳性まひであり[3]、脳の損傷の部位や程度で、肢体不自由に加えて知的障害や言語障害などを併せ有し、複雑な状態像を示します。さらに出産前後の損傷であって、それがその子どもの発達に与える影響が大きく、その子どもがよりよく発達するためには、親や教師など周囲の大人の働きかけが大切になる疾患です。

1) 脳性まひのタイプ

脳性まひの場合、肢体不自由の部位・程度や特徴もさまざまです。

肢体不自由の特徴としては、体に力が入っていて、筋肉がこわばり・硬く、動きがなめらかでないものが「痙直型」であり、姿勢や動きが変動して安定しない、姿勢が崩れやすいものを「アテトーゼ型」と言います。また、姿勢

の保持が難しく、手足を動かす力が入りにくいものを「失調型」と言います。

　肢体不自由の部位によって、四肢まひ、両まひ（両下肢）、片まひなどとする場合があります。

2）肢体不自由の状況

　脳性まひの場合で、肢体不自由につながる筋緊張の状況とその結果として生じる現象、また生活動作に与える影響を考えます。

①不自由な動きの特徴

　脳性まひの子どもの場合、特定の身体部位の筋緊張が高い状態（亢進^{こうしん}）であったり、あるいは筋緊張が低い状態であったりします。またはその筋緊張の変動が大きいと、不随意運動がみられ、動きのコントロールが難しい状況になります。不随意運動とは、ある動作をしようとしたときに、本人の意思とは無関係に生じる運動を意味します。

　また、筋緊張が高い状態が継続すると、筋肉のこわばりや硬さ（痙縮^{けいしゅく}・拘縮^{こうしゅく}）が生じ、なめらかに腕などを動かすことが難しくなります。それらの痙縮・拘縮に伴い日常生活動作を獲得することが困難になったり、場合によっては日常生活動作が低下したりします。

　なお、拘縮が進むと関節の可動域が狭くなり、日常生活動作の低下につながってしまいます。この可動域とは、身体の各関節が生理的に動くことができる範囲（角度）のことです。それが狭くなることは、動かせる範囲が制限されるということになります。さらに拘縮が進めば、側弯・脊柱変形や股関節脱臼につながる場合があります。

②日常生活を支える姿勢や動作を把握する

　子どもが示す肢体不自由の状況が日常生活にどのように影響を与えるのかを把握しましょう。ここでは、姿勢保持や姿勢変換など、物の定位と物の操作、日常生活における動作、を考えます。

　a　姿勢保持や姿勢変換など　まずは、姿勢保持や姿勢変換、移動の状況を把握しましょう。

　粗大運動能力尺度の項目を参考にすると、①臥位と寝返りの状況、②座位の状況、③はいはい（四つ這い）と膝立ちの状況、④立位の状況、⑤歩行の状況、を把握することが基本になります[6]。姿勢変換は、ある姿勢からある

姿勢への移行になります。どのような姿勢であれば独りで保持が可能で、どのような姿勢変換であれば、介助があれば可能なのかを把握しましょう（表2-3）。

表2-3　可能な姿勢保持・変換

1.　寝返り	2.　座位	3.　はいはい（四つ這い）	4.　膝立ち
5.　立位	6.　歩行		

　また、その子どもが手や腕を操作しやすい活動のための姿勢や、呼吸が楽になる安静のための姿勢などを理解しておくことも大切になります。

　なお、肢体不自由の状況は、発育や発達につれて変化しますが、小学校及び小学部高学年の時期になると、ほぼ固定してくるとされています[1]。言い替えれば、その後に座る、立つ、歩くなどの基本となる動作である粗大運動の状況が大きく変化することはないと考えられます。

　つまり、肢体不自由の状況の改善をいたずらに目指すのでなく、可能な運動や動作を活用して、効果的に人や物に働きかけるなど体験する世界を広げ、生活の質を高めることが大切になります。

　b　物の定位と物の操作　次に表2-4に示すような、教材や道具などの物に働きかける行動を把握しましょう。まずは、①物を目で捉えて追いかける頭部の動きにつながる頸定（首のすわり）と、②動く物を目で追いかけ、注意を向ける眼球のコントロールの程度、を把握しましょう。

　そして、③玩具をつかむ・離す・つまむ・持ち換える・ページをめくるなどの手指操作の程度を把握します。特に手指操作については、まひなどの状況を把握して、使いやすい手、利き手を把握しておきましょう。

表2-4　日常生活における動作の確認ポイント

○物の定位と物の操作 物を目で捉える、動く物を追視する、教科書を見る、鉛筆を持つ・離す、文字を書く・キーボードを操作する、教科書を出す・ページをめくる ○生活動作 食事の動作、トイレの動作、着替え・更衣の動作、教室移動・授業の準備

c　生活動作　姿勢保持や手指操作などの難しさが、日常生活におけるさまざまな動作に影響を与えます。子どもの生活動作の状況を把握し、必要な支援を検討します（表2–4）。生活動作として、まずは、①食べたり飲んだりする食事動作があります。口を開閉する動き、咀嚼〈そしゃく〉（食べ物をくだく動作）や嚥下〈えんげ〉（飲み込む動作）から、スプーンや箸を持つ・操作する動作などの様子を把握します。また、②トイレでの動作、さらには③着替え・更衣の動作を把握します。

　3）随伴障害・症状について

　脳性まひの主症状は肢体不自由になりますが、多くの場合に随伴する障害・症状がみられます。その特徴を把握しておきましょう。

①知的障害

　一般的に、脳性まひの約7割程度に知的障害が伴うとされています[7) 8)]。知的障害の程度は、重度から軽度までさまざまであり、その程度に応じた対応が大切であり、言葉かけや説明などをわかりやすくする必要があります。

②言語障害

　呼吸することや口を動かすことに難しさがあると、発声・発語の障害につながります。話すことが難しいけれど知的理解は高い場合があることに留意が必要です。

③てんかん

　一般的には、脳性まひの4割程度にてんかんを伴うことが知られています[7) 8)]。発作に伴い、意識がなくなる場合もあります。なお、薬物治療の効果が高い場合があります。

④摂食・嚥下障害

　口を動かす、かむ・くだく、飲み込むなどの動きがまひのため円滑でないと、飲むことや食べることに難しさが伴います。飲み込むことが難しいと、誤嚥につながりやすくなります。また、食べ物を舌で押し出したり、むせたりしてしまいます。また、口から唾液が出てしまう場合もあります。食べることが難しくなると、経管栄養や胃ろうなども選択肢の一つとして検討します。

⑤視覚障害など

　一般的に、脳性まひの7割程度に、斜視や未熟児網膜症などで、見て外界をとらえることに難しさがあることが知られています[8]。また、奥行きや図と地の区別（後述36頁）など、視覚認知に難しさが生じることがあります。視覚や聴覚などの難しさに気づいたら、医師などの専門家の評価が重要になります。

③ 肢体不自由の子どもの教育学的・心理学的理解

　肢体不自由の子どもの教育を考える場合に、医学・生理学の基本的知識は前提となりますが、さらに、教育学的・心理学的理解が重要になります。子どもがよりよく学ぶことを目指す教師が授業の目標・内容を設定し、指導方法を工夫していくために、適切に教育学的・心理学的な理解を深めましょう。

　近年では、支援機器などを使い、わずかな指の動きで多くの情報にアクセスできるようになり、子どもが独創的な思考の空間を拡大し、楽しむことが可能になっています。

（1）基本的な教育学的理解

　肢体不自由の子どもがよりよく学ぶことを考えると、その基本的な教育学的理解、教育学的構造をどのように考えればいいのでしょうか。教育とは、その子なりの学びを通して、知識・技能を高め、思考・判断・表現力を身につけ、その資質・能力を向上させていくことです。

　ここでは、教育学的理解を図2-3に示すように、①表出・表現の側面（表出過程）、②学習状況や知的処理の側面（思考・判断過程）、③外界受容の側面（感覚・知覚過程）として考えます。

1）表出・表現の側面（表出過程）

　肢体に不自由がある場合に共通するのは、四肢体幹の動きを含めて、手指や腕の操作、発声・発語に難しさがあり、考えていることや思っていることを、書く・話すなどで、表出し表現することに制限が生じることです。授業において、子どもが話を聞いて理解できたか、また考えたことは何かを教師

が知るには、子ども自身の「表出・表現」活動を欠かすことができません。この表出・表現は、学校教育の場合であれば、「話す」「書く」の活動になりますが、肢体不自由の場合には、それが活用できない場合が少なくありません。

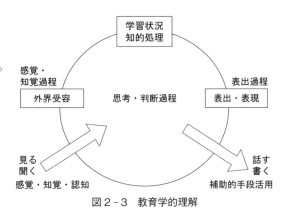

図2-3　教育学的理解

①表出・表現の手段

　「話す」「書く」を重視しますが、発想を変えて、その子どもの可能な動きに焦点を当て、それをその子どもの表出や表現ととらえて、そこに学びが成り立つように工夫することが大事です。この表出・表現としては、答えを指さしで選ぶ、NOと首を振るなどに加えて、視線で指し示す、瞬きで選択するなども含まれます。つまり、随意的な動きはすべて表出・表現の手段となるので、活用できる動きを把握しておくことが大切になります。表2-5に表出・表現につながる動きのチェックリストを示しました。

　また、わずかな表出・表現をどのように教師がとらえられるかということも、教員の専門性の一つとなります。

②情報機器などの活用

　子どもの学びにおいて、その子どものわずかな表出・表現であるその子なりの動きが重要になります。それは、「外界である環境に働きかける力」でもあります。話すことや書くことが活用できない場合に、身振り、またはコミュニケーションボードを指さすなどで意思を伝える工夫なども大切になります。

　また、わずかな動きでスイッチなどを操作して、

表2-5　表出・表現につながる動き

1. 瞬きをする	6. 指を動かす（右）
2. 眼を動かす	7. 指を動かす（左）
3. 口を動かす	8. 手を動かす（右）
4. 頭を動かす	9. 手を動かす（左）
5. 声を出す・話す	10. 描く・操作する・書く

表2-6　学習状況や知的処理の段階（小学校5年生の場合）

① 当該学年の段階（小学校5年生の目標・内容）
② 下学年の段階（小学校3年生程度）
③ 下学年の段階（小学校1年生程度）
④ 特別支援学校（知的障害）の教科 小学部2段階または3段階
⑤ 特別支援学校（知的障害）の教科 小学部1段階

パソコンや機器を動かし、教師や環境に働きかけることも可能です。つまり、入力機器を工夫してコンピュータなどを活用して意思を表現する「補助的手段」活用の可能性も検討しましょう。

このような情報機器を活用するには、その子なりの表出・表現につながる動きの確認が大事になります。

2）学習状況や知的処理の側面（思考・判断過程）

肢体不自由の子どもの場合、知的障害がなければ、基本的な理解に問題はなく、当該学年の各教科の内容を学びます。他方、重度の知的障害があれば、身振りやしぐさでのやりとりを身につけることが目標になる場合があります。このように肢体不自由の子どもの場合、その学習状況や知的理解、知的処理の力は、かなり幅広い状況となっています。

子どもの学習状況、知的処理の段階や、思考・判断のレベルは、その子どもなりの表出・表現を手がかりに把握することになります（表2-6）。その子どもの生活年齢を踏まえて、知的処理の段階が、おおよそ当該学年の段階、下学年の段階、特別支援学校（知的障害）の教科の小学部3段階または2段階、1段階なのかを判断します。

これらの判断を踏まえて、その子どもへの言葉かけや働きかけの仕方、また各教科の学習における目標設定や指導内容の設定につなげていきます。

なお、肢体不自由の子どもで、表出・表現が厳しい場合には、知的処理の力が高いにもかかわらず、教師に低く誤解される場合が生じます。それを避けるために、教師はわずかな表出・表現に敏感になり、質問の仕方を工夫することが求められます。

3）外界受容の側面（感覚・知覚過程）

外界受容の側面とは、子どもが自らの感覚・知覚で、人の声や文字を含む外界をどのように捉えているのかの側面です。

　肢体不自由の子どもには、知的障害以外に、視覚障害や聴覚障害を併せ有する場合があります。授業で学びが成り立つためには、見えているのか聞こえているのかの確認は大切な要素です。また、どの程度見えているのか、どの程度聞こえているのか、さらには、どのように工夫すると見やすくなったり聞きやすくなったりするか、などの確認も授業では大事になります。なお、知的障害が重度な場合は、視覚や聴覚などの機能の評価が難しい場合もあり、医師などの専門家との連携が必要になります。

(2) 心理学的理解

　肢体不自由の子どもの心理学的理解として、その土台になるのは、人の発達的理解であり、知的発達や社会性の発達、運動発達などの理解です。さらに、幼児期や児童期、思春期の心理特性についても、肢体不自由がある場合も基本的には同じです。

　特に、運動発達については肢体不自由があるために、その子なりの独特なものとなるため、共通的な理解は難しいものとなります。ここでは、肢体不自由の子どもの心理特性として、特に知っておいてほしい点を取りあげます。

1) 体験的な活動の少なさの影響

　肢体不自由の子どもは、身体を動かすことに難しさがあり、身体を動かして遊んだり、物を操作したり、自ら長い距離を移動したりなどの実体験が少ない中で発達します。実体験が少ない中で、身体感覚的な言葉や知識を習得すると、言葉を知っていても意味の理解が不十分であったり、概念が不確かなまま、言葉を使っていたりすることが生じます。日常的な会話や国語などの授業で、そのことに気づいたら、その意味や概念を一緒に確認しましょう。

　また、姿勢変換や移動に介助が必要になると、大人との活動が多くなります。子ども同士で遊ぶ体験が不足し、発声・発語の困難さに加えて活動に制限があると、やりたいことを主張したり、考えをぶつけあって調整したりする体験がどうしても少なくなります。その結果、他者とのコミュニケーション力や対人スキルが未熟な場合があります。また、大人との活動が中心になることで、大人に依存しがちで、自信のない行動が多くなります。子ども同士で活動したり、自ら考え決定したりする場面を計画的に授業で準備しま

しょう。

2）認知の特性

姿勢の保持や移動などに難しさがあると、当然ながら、運動発達には大きな影響が生じます。加えて、自発的に移動したり、物を操作したりする経験が少ないと、認知機能の発達を妨げる要因になる場合があります。

このような肢体不自由の子どもの認知の特性や難しさについて、渡邉（2010）は、その原因として、①脳の損傷と、②身体の動きの不自由さから生じる運動体験の欠如、が考えられるとしています[9]。

肢体不自由の子どもが示す認知の特性にはいくつかありますが、ここでは、「図と地の知覚困難」を紹介します。図と地とは何でしょうか。

ここに旅行先で撮影された人物の写真があるとしましょう。写真の中には、その人物が中央に、背景にある滝や岩、他の観光客が写っています。この場合に、一般的に背景である滝や岩、他の観光客のことを「地」といい、中央の人物が「図」となります。この図と地が区別されて、この人物の旅行写真となります。人は、このように画面の中から重要な情報を抽出する力を獲得しますが、障害があるとこの図と地の区別に混乱が生じます。

特に、複雑な幾何学的な背景の中にさまざま事物が描かれている図などで、事物の抽出に困難が生じる場合があります。地図の読み取りの場合だと、地図から地名や寺院の記号を探し出すことが、難しくなります。

このような認知特性は、姿勢や動作の困難さに比べると、一見して教師からも気づかれにくいことが多く、授業場面での行動観察などを丁寧に実施することが必要になります。なお、認知特性やその難しさを踏まえた指導の工夫については、筑波大学附属桐が丘特別支援学校（2008）に整理されています[10]。

3）肢体不自由の理解と受け止め

知的障害を伴わない肢体不自由の子どもにとって、自らの肢体不自由についての気づきは、就学する前に生じると考えられます。周囲の友達のように立てないことや歩けないことへの気づき、それをどう理解し、受け止めるのかについての研究は多くありません。しかしながら、子ども自身が肢体不自由であることを認めて、その子どもに可能なことを周囲の大人が丁寧に認め

て対応することで、その子どもなりの自尊感情を高めることにつながります。

　肢体不自由の子どもにとって、肢体不自由の理解と受け止めが大きな課題となるのは、思春期からです。特に思春期における大きな発達課題として、自己同一性の確立があります。

　肢体不自由の子どもにとって、思春期は不自由なからだを含めて他人とは異なる「自己」を見つめる時期であり、異性への関心と対応、介助を受けながら親から心理的に独立するという難しい課題に取り組む時期になります。

　この思春期の課題に取り組むための心理的な安定や社会性の形成が十分でないと、劣等感、不信感、過剰適応などがみられ、場合によっては不登校や無気力、家庭内暴力、自殺などの問題行動や、拒食症などの心身症、うつ病などの精神疾患が生じることがあります。この問題は、肢体不自由が重度な子どもよりも、軽度や中度の子どもにとって一層難しい課題となります[11]。

④ 健康管理や医療的ケア

　肢体不自由の子どもの多くは、重複する障害があり、その状態が厳しい場合には、健康管理や医療的ケアを必要とします。楽しく学校生活を送り、授業に参加する上でも、その子どもなりの健康で安定した状態が基礎になります。

（1）健康状態の確認ポイント

　子どもの健康状態の把握とその健康管理は教育活動において大切です。子どもの実態把握をする場合にも、西川（2008）[12]を参考にした表2-7に示す生活行為の状態やバイタルサイン、気になる点などのチェックポイントを確認しましょう。

（2）医療的ケア

　自分で痰の排出が難しかったり、食べ物を口から摂取することが難しかったりする際に、「医療的ケア」を必要とする子どもがいます。

　一般的には、「医療的ケア」とは、病院などの医療機関以外の場所（学校

表2-7 健康状態の確認ポイント

○生活行為
睡眠（睡眠・覚醒のリズム）、食事（摂食機能、食欲、水分摂取）、排泄（尿・便、下痢、便秘）
など
○バイタルサイン
脈拍、呼吸（呼吸機能、喘鳴、咳）、血圧、体温（発熱）、表情、顔色など
○気になる点
異常な筋緊張、口腔内の状態（排痰、かわき）、順調でない体重増減、てんかん発作、外傷・骨折・脱臼

出典：文献12）を元に筆者が作成

や自宅など）で日常的に継続して行われる、喀痰吸引や経管栄養、気管切開部の衛生管理、導尿、インスリン注射などの医行為を指します。子どもが学校で生活するためには不可欠の支援であり、どのような状況で、どのような対応が必要なのかを把握しておくことが大事になります（本書7章も参照）。

＊　　＊

　この章では、肢体不自由のある子どもの特性を理解するために、「肢体不自由の子ども」のイメージとその学びを踏まえ、肢体不自由の分類や起因疾患、その特徴、教育学的・心理学的理解を概観しました。これらの点を踏まえて、肢体不自由の子どもに寄り添う共感的な視点を重視し、子どもとのやりとりを充実させ、確かなつながりをつくり、その子どもなりのよりよい学びが実現するようにチャレンジしていきましょう。

引用・参考文献 ─────────────────────────
1）文部科学省（2021）「障害のある子供の教育支援の手引～子供たち一人一人の教育的ニーズを踏まえた学びの充実に向けて～」143、162頁。https://www.mext.go.jp/a_menu/shotou/tokubetu/material/1340250_00001.htm（2022年12月8日最終閲覧）
2）文部科学省初等中等教育局特別支援教育課（2021）「特別支援教育資料（令和2年度）」https://www.mext.go.jp/a_menu/shotou/tokubetu/material/1406456_00009.htm（2022年12月8日最終閲覧）
3）下山直人（2020）「肢体不自由教育の歴史と現状」、川間健之介・長沼俊夫編『新訂肢体不自由児の教育（放送大学教材）』NHK出版。
4）矢部京之介（1997）「運動発達理論」、宮本省三・沖田一彦選『運動制御と運動学習』共同医書出版会。

5）日本リハビリテーション医学会（監修）（2014）『脳性麻痺リハビリテーションガイドライン第2版』金原出版株式会社、15頁。http://www.jarm.or.jp/wp-cntpnl/wp-content/uploads/2017/05/member_publication_isbn9784307750387.pdf（2022年12月8日最終閲覧）

6）高橋秀寿・関勝・里宇明元（2005）「Gross Motor Function Measure（GMFM）を用いた小児リハビリテーション治療の検討──文献的考察」『リハビリテーション医学』42、475–488頁。

7）公益財団法人日本医療機能評価機構　脳性麻痺児の実態把握に関する疫学調査プロジェクトチーム（2018）「脳性麻痺児の実態把握に関する疫学調査報告書」。http://www.sanka-hp.jcqhc.or.jp/documents/committee/pdf/kentou_meeting2_2.pdf（2022年12月8日最終閲覧）

8）厚生労働省（2018）「平成18年身体障害児・者実態調査結果」。https://www.mhlw.go.jp/toukei/saikin/hw/shintai/06/index.html（2019年12月3日最終閲覧）

9）渡邉章（2010）「認知の発達と指導」『肢体不自由教育ハンドブック』社会福祉法人全国心身障害児福祉財団。

10）筑波大学附属桐が丘特別支援学校（2008）『肢体不自由のある子どもの教科指導Q&A──「見えにくさ・とらえにくさ」をふまえた確かな実践』ジアース教育新社。

11）Fox, M.（2004）*Including Children 3-11 with Physical Disabilities: Practical Guidance for Mainstream Schools.* David Fulton Publishers.

12）西川公司（2008）「肢体不自由教育における学校保健の重要性」、日本肢体不自由教育研究会監修『これからの健康管理と医療的ケア（肢体不自由教育シリーズ3）』慶應義塾大学出版会。

（徳永　豊）

第 **3** 章

教育課程と個別の指導計画

　本章では、子ども一人ひとりの多様な教育的ニーズに即した教育を実現するための教育課程の編成や、個別の指導計画の作成との連動によるカリキュラム・マネジメントの考え方について取り上げます。

① 教育課程と各種計画の関係

　本章で学ぶ学校教育目標や教育課程、学校で作成される各種計画の関係を図3-1に示しました。

　各学校は、学校教育目標を掲げ、子どもたちにどのように育ってほしいのかを「めざす子ども像」として描きます。教育課程は、学校教育目標を達成するために、何を（教育内容）、どれだけの時間（授業時数）をかけて指導するのか、学校として立案する教育計画です。学校が編成の主体となり、基本的には、学習集団に対して編成します。

　しかし、特別支援学校（肢体不自由）では、同じ学習集団を構成する子ども一人ひとりの実態が多様です。それでも教室や教員数には限りがありますので、実際の授業は学習集団を編制して行われます。そこで、学校として立案する教育計画、すなわち教育課程を、子どもの実態に即して個別に具体化する必要性から作成されるのが「個別の指導計画」です。個別の指導計画は、担任教師を中心に、一人ひとりの子どもについて個別に作成されます。

　一方で、年間指導計画は、学習集団に対して作成されます。多様な個々の実態に応じた授業を実践するためには、まず、どのように多様なのかを把握することが不可欠です。授業者は、学習集団を構成する子ども一人ひとりの

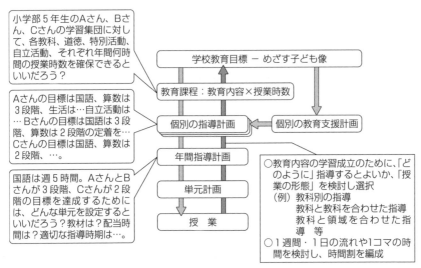

図3-1　学校教育目標や教育課程、学校で作成される各種計画の関係

　個別の指導計画に記された実態や指導目標を踏まえて、目標達成に最適な活動のまとまりや展開、教材、配当時数を検討し、単元を設定します。年間指導計画の作成に際しては、指導時期や単元配列の吟味も重要になります。

　なお、個別の教育支援計画は、子どもの生活に関わる学校外の関係者と、支援の方向性を共有し必要な連携を図るためのツールです。双方の計画の作成目的の違いを理解し、区別する必要があります。

　以下、肢体不自由のある子どもの教育課程について説明します。教育課程編成の根拠となる規定は何か。また、教育課程を編成する際に「守らなければならないこと」と、在籍する子どもたちの実態を踏まえて「各学校の判断で選択することのできること」を区別しながら理解を深めましょう。

② 教育課程とは

　2017（平成29）年告示の学習指導要領では、社会と連携・協働した教育活動の充実を図るための基本的な理念として「社会に開かれた教育課程」が提唱されました。「幼稚園、小学校、中学校、高等学校及び特別支援学校の学

習指導要領等の改善及び必要な方策等について（中教審答申）（平成28年12月21日）」は、その実現に向けて次の点が重要であると指摘しています[1]。

① 社会や世界の状況を幅広く視野に入れ、よりよい学校教育を通じてよりよい社会を創るという目標を持ち、教育課程を介してその目標を社会と共有していくこと。

② これからの社会を創り出していく子供たちが、社会や世界に向き合い関わり合い、自らの人生を切り拓いていくために求められる資質・能力とは何かを、教育課程において明確化し育んでいくこと。

③ 教育課程の実施に当たって、地域の人的・物的資源を活用したり、放課後や土曜日等を活用した社会教育との連携を図ったりし、学校教育を学校内に閉じずに、その目指すところを社会と共有・連携しながら実現させること。

では、学校の教育活動の中核的役割を担う教育課程とは何でしょうか。

特別支援学校の学習指導要領解説第3編第1章第1節教育課程の意義には、学校において編成する教育課程について、「学校教育の目的や目標を達成するために、教育の内容を児童生徒の心身の発達に応じ、授業時数との関連において総合的に組織した各学校の教育計画である」と明記されています[2]。「教育内容」の選択と「授業時数」の配当に、各学校が自校の教育に込めた意図が反映されることになります。

教育課程を構成する「教育内容」は、学校教育法施行規則に規定されています[3]。以下、小・中学校の通常学級、特別支援学級、通級による指導、特別支援学校の順に、教育課程編成の基本を確認します。

（1）小・中学校の教育課程

1）通常学級の教育課程

小学校の教育課程は学校教育法施行規則第50条～第52条に、中学校の教育課程は第72条～第74条に基づき編成されます（表3−1）。

同規則第51条の別表第1（中学校は同規則第73条の別表第2）が示す標準

43

表3-1　小学校の教育課程

> 第五十条　小学校の教育課程は、国語、社会、算数、理科、生活、音楽、図画工作、家庭、体育
> 及び外国語の各教科（以下この節において「各教科」という。）、特別の教科である道徳、外国
> 語活動、総合的な学習の時間並びに特別活動によつて編成するものとする。
> 第五十一条　小学校の各学年における各教科、特別の教科である道徳、外国語活動、総合的な学
> 習の時間及び特別活動のそれぞれの授業時数並びに各学年におけるこれらの総授業時数は、別
> 表第一に定める授業時数を標準とする。
> 第五十二条　小学校の教育課程については、この節に定めるもののほか、教育課程の基準として
> 文部科学大臣が別に公示する小学校学習指導要領によるものとする。

出典：文献3)

表3-2　小学校の各教科等の標準授業時数

区分	第1学年	第2学年	第3学年	第4学年	第5学年	第6学年
国語	306	315	245	245	175	175
社会			70	90	100	105
算数	136	175	175	175	175	175
理科			90	105	105	105
生活	102	105				
音楽	68	70	60	60	50	50
図画工作	68	70	60	60	50	50
家庭					60	55
体育	102	105	105	105	90	90
外国語					70	70
特別の教科である道徳の授業時数	34	35	35	35	35	35
外国語活動の授業時数			35	35		
総合的な学習の時間の授業時数			70	70	70	70
特別活動の授業時数	34	35	35	35	35	35
総授業時数	850	910	980	1015	1015	1015

出典：文献3) の別表1

授業時数（表3-2）をもとに教育課程を編成すると、各学校の総授業時数を
ほぼ満たします。すなわち、小・中学校の教育課程編成の裁量は限定的とい
えます。

2) 特別支援学級の教育課程

　特別支援学級には、通常学級の教育課程では教育的ニーズが十分に満たさ

表 3 - 3　特別支援学級における特別の教育課程

イ　特別支援学級において実施する特別の教育課程については、次のとおり編成するものとする。 （ア）　障害による学習上又は生活上の困難を克服し自立を図るため、特別支援学校小学部・中学部学習指導要領第 7 章に示す自立活動を取り入れること。 （イ）　児童の障害の程度や学級の実態等を考慮の上、各教科の目標や内容を下学年の教科の目標や内容に替えたり、各教科を、知的障害者である児童に対する教育を行う特別支援学校の各教科に替えたりするなどして、実態に応じた教育課程を編成すること。

出典：文献 4）第 1 章第 4 の 2（1）のイ

表 3 - 4　通級による指導における特別の教育課程

ウ　障害のある児童に対して、通級による指導を行い、特別の教育課程を編成する場合には、特別支援学校小学部・中学部学習指導要領第 7 章に示す自立活動の内容を参考とし、具体的な目標や内容を定め、指導を行うものとする。その際、効果的な指導が行われるよう、各教科等と通級による指導との関連を図るなど、教師間の連携に努めるものとする。

出典：文献 4）第 1 章第 4 の 2（1）1 のウ

れない子どもたちが在籍しています。そこで、特別の教育課程によることが認められており（学校教育法施行規則第 138 条）、小学校学習指導要領には、上記のように示されています（表 3 - 3）。

　特別支援学級の教育課程編成における重要なポイントは 2 点です。1 点は、自立活動を教育課程に位置づけること、もう 1 点は、多様な子どもの実態に即した教育課程を編成するために、特別支援学校の学習指導要領に示される「重複障害者等に関する教育課程の取扱い」（第 2 節参照）の適用が認められていることです。

3）通級による指導の教育課程

　通常学級の教育課程で自らの持てる力を存分に発揮するために、障害ゆえの学習上または生活上の困難の改善を図る指導を必要とする子どもたちは、通級による指導を利用しています。この場合も特別の教育課程によることが認められており（学校教育法施行規則第 140 条）、小学校学習指導要領には、上記のように示されています。自立活動を位置づけることがポイントです（表 3 - 4）。

（2）特別支援学校の教育課程

　特別支援学校の教育課程は、小学部は学校教育法施行規則第 126 条（表

表3-5　特別支援学校（小学部）の教育課程

第百二十六条　特別支援学校の小学部の教育課程は、国語、社会、算数、理科、生活、音楽、図画工作、家庭、体育及び外国語の各教科、特別の教科である道徳、外国語活動、総合的な学習の時間、特別活動並びに自立活動によつて編成するものとする。 2　前項の規定にかかわらず、知的障害者である児童を教育する場合は、生活、国語、算数、音楽、図画工作及び体育の各教科、特別の教科である道徳、特別活動並びに自立活動によつて教育課程を編成するものとする。ただし、必要がある場合には、外国語活動を加えて教育課程を編成することができる。

出典：文献3）

3-5）に、中学部は第127条に、高等部は第128条に基づき編成されます。

　それぞれ第1項は視覚障害、聴覚障害、肢体不自由、病弱教育を担う特別支援学校、第2項は知的障害教育を担う特別支援学校の教育課程に関する規定になります。

　特別支援学校（肢体不自由）の教育課程を構成する教育内容は、基本的には小学校、中学校、高等学校と同一で、自立活動が加わる点が特徴です。なお、標準授業時数は規定されません。自立活動の授業時数は子どもの実態に応じて設定することとなっているため、その他の各教科等の標準授業時数を規定することができません。

　さて、特別支援学校（肢体不自由）には知的障害を伴う子どもも多く在籍しています。小学校等の各教科を学ぶことが難しい場合も少なくありません。また、知的障害を伴わない場合でも、在籍する学部・学年の各教科の目標の達成や内容の習得が困難な子どもたちもいます。よって、特別支援学校（肢体不自由）では、在籍する児童生徒の多様な実態に応じて複数の教育課程を編成しています。

　学校教育法施行規則第126条〜第128条の第1項に基づいて教育課程を編成することを基本としたうえで、多様な子どもの実態を踏まえた柔軟な教育課程編成を可能とするのが、「重複障害者等に関する教育課程の取扱い」です。

③ 重複障害者等に関する教育課程の取扱い

　特別支援学校小学部・中学部学習指導要領には、「重複障害者等に関する

教育課程の取扱い」が示されています。「重複障害者等」なので、単一障害の子どもに関する規定も含まれることに留意しましょう。

　教育課程を構成する2つの要素は、「教育内容」と「授業時数」です。よって、「重複障害者等に関する教育課程の取扱い」は、子どもたちの実態に即した「教育内容」の変更や、「授業時数」の設定に関する取扱いになります。

　表3-6の「1」〜「4」は、教育内容の変更に関する規定です。訪問教育の教育課程編成においても、これらの適用が可能です（表3-6の「5」）。

　なお、前述のとおり、特別支援学校には標準授業時数が示されていません。訪問教育の授業時数についてのみ示されています（表3-6の「6」）。

（1）小学校等の各教科を指導する教育課程

　特別支援学校（肢体不自由）では、小学校等と同じ教育内容を指導することが基本となります。各教科等の指導では、学習指導要領が示す各教科等の内容はすべて扱い、すべての目標の達成を図ることが前提となります（自立活動は、指導目標を設定した上で、その達成に必要な内容のみを選定し指導内容を設定します）。

　しかし、肢体不自由のある子どもの障害の状態により「特に必要がある場合」に限り、「1」（表3-6）の適用が認められています。例えば、子どもの上肢や下肢の障害の状態により、指導の工夫を図っても学習の成立が困難と判断した場合、体育の「器械運動」の鉄棒運動や跳び箱運動、「走・跳の運動」の幅跳びや高跳びを扱わない選択も可能になります。ただし、各教科等の目標を吟味すると、この規定の適用が必要な場合は限定的であることから、慎重な判断が求められます。

（2）小学校等の各教科を特別支援学校（知的障害）の各教科に替えた教育課程

　特別支援学校（肢体不自由）には、知的障害を伴うために小学校等の各教科を学ぶことが困難な子どもも少なくありません。その際に表3-6の「3」が適用可能です。小学校等の各教科を特別支援学校（知的障害）の各教科に

表3-6　重複障害者等に関する教育課程の取扱い

1　児童又は生徒の障害の状態により特に必要がある場合には、次に示すところによるものとする。その際、各教科、道徳科、外国語活動及び特別活動の当該各学年より後の各学年（知的障害者である児童又は生徒に対する教育を行う特別支援学校においては、各教科の当該各段階より後の各段階）又は当該各学部より後の各学部の目標の系統性や内容の関連に留意しなければならない。
　(1)　各教科及び外国語活動の目標及び内容に関する事項の一部を取り扱わないことができること。
　(2)　各教科の各学年の目標及び内容の一部又は全部を、当該各学年より前の各学年の目標及び内容の一部又は全部によって、替えることができること。また、道徳科の各学年の内容の一部又は全部を、当該各学年より前の学年の内容の一部又は全部によって、替えることができること。
　(3)　視覚障害者、聴覚障害者、肢体不自由者又は病弱者である児童に対する教育を行う特別支援学校の小学部の外国語科については、外国語活動の目標及び内容の一部を取り入れることができること。
　(4)　中学部の各教科及び道徳科の目標及び内容に関する事項の一部又は全部を、当該各教科に相当する小学部の各教科及び道徳科の目標及び内容に関する事項の一部又は全部によって、替えることができること。
　(5)　中学部の外国語科については、小学部の外国語活動の目標及び内容の一部を取り入れることができること。
　(6)　幼稚部教育要領に示す各領域のねらい及び内容の一部を取り入れることができること。
2　知的障害者である児童に対する教育を行う特別支援学校の小学部に就学する児童のうち、小学部の3段階に示す各教科又は外国語活動の内容を習得し目標を達成している者については、小学校学習指導要領第2章に示す各教科及び第4章に示す外国語活動の目標及び内容の一部を取り入れることができるものとする。
　　また、知的障害者である生徒に対する教育を行う特別支援学校の中学部の2段階に示す各教科の内容を習得し目標を達成している者については、中学校学習指導要領第2章に示す各教科の目標及び内容並びに小学校学習指導要領第2章に示す各教科及び第4章に示す外国語活動の目標及び内容の一部を取り入れることができるものとする。
3　視覚障害者、聴覚障害者、肢体不自由者又は病弱者である児童又は生徒に対する教育を行う特別支援学校に就学する児童又は生徒のうち、知的障害を併せ有する者については、各教科の目標及び内容に関する事項の一部又は全部を、当該各教科に相当する第2章第1節第2款若しくは第2節第2款に示す知的障害者である児童又は生徒に対する教育を行う特別支援学校の各教科の目標及び内容の一部又は全部によって、替えることができるものとする。また、小学部の児童については、外国語活動の目標及び内容の一部又は全部を第4章第2款に示す知的障害者である児童に対する教育を行う特別支援学校の外国語活動の目標及び内容の一部又は全部によって、替えることができるものとする。したがって、この場合、小学部の児童については、外国語科及び総合的な学習の時間を、中学部の生徒については、外国語科を設けないことができるものとする。
4　重複障害者のうち、障害の状態により特に必要がある場合には、各教科、道徳科、外国語活動若しくは特別活動の目標及び内容に関する事項の一部又は各教科、外国語活動若しくは総合的な学習の時間に替えて、自立活動を主として指導を行うことができるものとする。
5　障害のため通学して教育を受けることが困難な児童又は生徒に対して、教員を派遣して教育を行う場合については、上記1から4に示すところによることができるものとする。
6　重複障害者、療養中の児童若しくは生徒又は障害のため通学して教育を受けることが困難な児童若しくは生徒に対して教員を派遣して教育を行う場合について、特に必要があるときは、実情に応じた授業時数を適切に定めるものとする。

出典：文献5)　第3編第2章第8節

48

学校教育法施行規則第126条第1項に示される教育内容

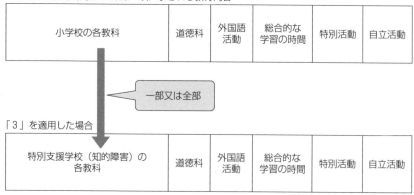

小学校の各教科	道徳科	外国語活動	総合的な学習の時間	特別活動	自立活動

一部又は全部

「3」を適用した場合

特別支援学校（知的障害）の各教科	道徳科	外国語活動	総合的な学習の時間	特別活動	自立活動

図3-2　小学校等の各教科を特別支援学校（知的障害）の各教科に「替えた」場合

「替えることができる」規定なので、「替えない」選択肢もあります。

　この「3」は、「教育内容（何を学ぶか）」の変更に関する規定であり、「授業の形態（どのように指導するのか）」に関する規定ではない点に留意が必要です。前述のとおり、特別支援学校（肢体不自由）の教育課程は小学校等の各教科で編成することが基本ですが、在籍する子どもの実態により、特別支援学校（知的障害）の各教科に一部または全部替えることを可能とする規定です。ところが、多くの特別支援学校（知的障害）で実践される「授業の形態（「生活単元学習」や「日常生活の指導」等）」を導入するものと誤解し、「教育課程」として公開している特別支援学校（肢体不自由）も少なくありません。生活単元学習や日常生活の指導に代表される「各教科等を合わせた指導」は、学校教育法施行規則第130条により各学校が選択する授業の形態の一つです（表3-7）。

　「社会に開かれた教育課程」とするためには、図3-3も示すように教育課程を構成する教育内容（何を学ぶのか）と、授業段階の工夫である授業の形態（どのように指導するのか）を混同しないことが大切です。時間割は教室に掲示されます。子どもの学習の見通しを支える観点から、表記の工夫を図ることが可能です。

表3-7　特別支援学校で選択可能な授業の形態

第百三十条　特別支援学校の小学部、中学部又は高等部においては、特に必要がある場合は、第
　百二十六条から第百二十八条までに規定する各教科（次項において「各教科」という。）又は
　別表第三及び別表第五に定める各教科に属する科目の全部又は一部について、合わせて授業を
　行うことができる。
　2　特別支援学校の小学部、中学部又は高等部においては、知的障害者である児童若しくは生
　徒又は複数の種類の障害を併せ有する児童若しくは生徒を教育する場合において特に必要が
　あるときは、各教科、特別の教科である道徳、外国語活動、特別活動及び自立活動の全部又
　は一部について、合わせて授業を行うことができる。

出典：文献3）　※下線は筆者による

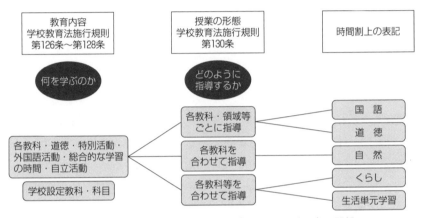

図3-3　「教育内容」「授業の形態」「時間割上の表記」の関係

（3）各教科等を自立活動に替えた教育課程

　特別支援学校（肢体不自由）で学ぶ重複障害のある子どもの教育課程編成
に際しては、障害の状態により「特に必要な場合」に限り、「4」の適用が認
められています（表3-6）。重複障害者であることのみを適用の理由にはで
きません。

　この「4」の適用に際して図3-4に示すような場合があり、そもそも各教
科と自立活動は何がどのように異なるのかを理解しておくことが不可欠です。

　各教科と自立活動は、実態把握から指導目標の設定に至る手続きが異なり
ます。

　各教科については、学習指導要領に目標の系統性が示されます。よって、
実態把握に際しては、その目標の系統性に子どもが今持てている力を照らし

各教科、道徳科、外国語活動、特別活動の「一部」を自立活動に替えた場合					
各教科	道徳科	外国語活動	総合的な学習の時間	特別活動	自立活動

各教科、外国語活動、総合的な学習の時間は「全部」自立活動に替えた場合	
道徳科　特別活動	自立活動

図3-4　各教科等の「一部」又は「全部」を自立活動に「替えた」場合

合わせ、何年生（特別支援学校（知的障害）の各教科は何段階）相当であるかを把握します。当該学年（段階）の目標を十分に達成していれば、次の学年（段階）の目標を拠り所として指導目標を設定します。

　一方、自立活動については、学習指導要領に目標の系統性は示されていません。障害種や障害の程度にかかわらず、内容の6区分（「健康の保持」「心理的な安定」「人間関係の形成」「環境の把握」「身体の動き」「コミュニケーション」）の観点から、実態を把握します。次に、把握した実態に関する情報を、これまでの自立活動の指導における学びの履歴や、卒業後の生活、障害特性等も踏まえながら、「課題」を整理します（「課題」を整理する視点や手続きについては、第5章を参照）。自立活動の指導で最も重要な視点は、子どもが見せる姿の背景を探る視点です。それぞれの課題が一人の子どもの中でどのように関連し合っているのかをひもとき、子どもが抱えている事情について理解を深めます。その際に作成されるのが課題関連図（図3-5）です。さまざまな課題の原因となっている課題を中心課題として、その中心課題を改善するような指導目標を設定します。

（4）特別支援学校(肢体不自由)における教育課程編成の実際

　特別支援学校（肢体不自由）のホームページを閲覧すると、多様な教育課程が編成されている現状に触れることができます。重複障害者等に関する教育課程の取扱いのいずれを適用した教育課程なのか、説明にチャレンジしてください。また、各特別支援学校（肢体不自由）が編成した教育課程には、どのような教育的意図が込められているのでしょうか。在籍児童生徒の実態

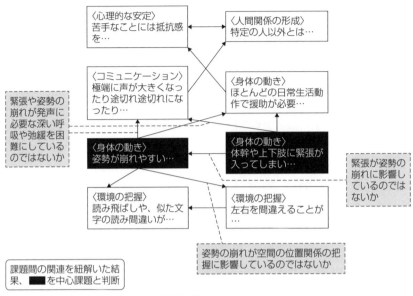

図3-5　Aさんの課題関連図　出典：文献6）を元に著者が作成

や地域の実情等との関係で考察してみてください。

　さらに、日々の授業で、肢体不自由のある子どもの学びの成立を図るためには、さまざまな工夫が必要になります（教科指導については第4章を参照）。限られた授業時数で、子どもたちの力を最大限引き出すことは容易ではありません。本章では、小学校等の各教科を指導する教育課程、小学校等の各教科を特別支援学校（知的障害）の各教科に替えた教育課程、各教科等を自立活動に替えた教育課程について説明しました。それぞれの教育課程における授業の実際を具体的に想定しながら、各教育課程で直面する教育実践上の課題についても考えてみてください。

④　個別の指導計画

　子ども一人ひとりの教育的ニーズに即した指導の実現には「個別の指導計画」の作成が不可欠です。一方で、日々の授業は、学習集団に対して編成された教育課程のもとで展開されます。改めて、個別の指導計画を作成する目

的や教育課程との関係について確認しましょう。

（1）作成の義務化から作成対象の拡大へ

　個別の指導計画が初めて学習指導要領に明記されたのは、養護・訓練が自立活動に改められた1999（平成11）年告示の盲学校、聾学校及び養護学校の学習指導要領です。当時は、自立活動の指導と重複障害のある子どもの指導について個別の指導計画の作成が義務化されました（表3-8）。前述の通り、自立活動については目標の系統性や扱う内容の順序性は学習指導要領に明記されていません。個々の子どもの実態に即した指導目標の設定は、指導を担う教師の判断に委ねられます。よって、指導の系統性を担保するためには、指導計画を個別に作成し教師間で共有することが必要不可欠です。このように、個別の指導計画と自立活動は不可分の関係にあるのです。

　その後、2008（平成20）年告示の特別支援学校の学習指導要領では、一人ひとりの実態に応じた指導を充実させるために、作成の対象が拡大されました。すべての子どもを対象に、自立活動以外の各教科等の指導についても作成することが義務づけられたのです。

表3-8　学習指導要領における個別の指導計画に関する記載

1999（平成11）年告示　盲学校、聾学校及び養護学校の学習指導要領	第1章　総則　第2節　教育課程の作成等に当たって配慮すべき事項の1 　（5）　重複障害者の指導に当たっては、個々の児童又は生徒の実態を的確に把握し、個別の指導計画を作成すること。 第5章　自立活動　第3　指導計画の作成と内容の取扱いの1 　1　自立活動の指導に当たっては、個々の児童又は生徒の障害の状態や発達段階等の的確な把握に基づき、指導の目標及び指導内容を明確にし、個別の指導計画を作成するものとする。
2008（平成20）年告示　特別支援学校の学習指導要領	第1章　総則　第2節　教育課程の編成　第4　指導計画の作成等に当たって配慮すべき事項の1 　（5）　各教科等の指導に当たっては、個々の児童又は生徒の実態を的確に把握し、個別の指導計画を作成すること。また、個別の指導計画に基づいて行われた学習の状況や結果を適切に評価し、指導の改善に努めること。
2017（平成29）年告示　小学校学習指導要領	第1章　総則　第4の2　特別な配慮を必要とする児童への指導 　エ　障害のある児童などについては、家庭、地域及び医療や福祉、保健、労働等の業務を行う関係機関との連携を図り、長期的な視点で児童への教育的支援を行うために、個別の教育支援計画を作成し活用することに努めるとともに、各教科等の指導に当たって、個々の児童の実態を的確に把握し、個別の指導計画を作成し活用することに努めるものとする。特に、特別支援学級に在籍する児童や通級による指導を受ける児童については、個々の児童の実態を的確に把握し、個別の教育支援計画や個別の指導計画を作成し、効果的に活用するものとする。

出典：文献4）7）8）

さらに、2017（平成29）年告示の小学校や中学校の学習指導要領では、特別支援学級や通級による指導で学ぶ子どもたちについて個別の指導計画を作成することが義務化されました。

(2) 教育課程と個別の指導計画

　教育課程と個別の指導計画の関係は図3-1に示しました。教育課程を子どもの実態に即して個別に具体化したものが「個別の指導計画」と捉えることができます。

　教育課程は、学習集団に対して編成されるのに対し、個別の指導計画は、一人ひとりに個別に作成されます。重複障害者等に関する教育課程の取扱いの適用が可能な特別支援学校（肢体不自由）では、学習集団は同じでも、達成を目指す目標水準が子どもによって異なる場合が少なくありません。

　そこで、個別の指導計画には、何年生（知的障害特別支援学校の各教科の場合、何段階）相当の目標達成を目指すのかを明記することが、目標準拠評価を適切に行うことはもとより、集団指導の中でその子どもの持てる力を確実に伸ばすためにも不可欠となります。

　また、自立活動については、前述のとおり、目標の系統性が学習指導要領に示されず、「今、何を指導するとよいのか」の判断は授業者に委ねられます。よって、設定した指導目標のみならず、例えば、課題関連図（図3-5）のような指導目標を導き出すプロセスを記録し、共有することが肝要となります。

5　カリキュラム・マネジメントとは

　2017（平成29）年の学習指導要領では、「学校教育に関わるさまざまな取組みを、教育課程を中心に据えて組織的かつ計画的に実施し、教育活動の質の向上につなげていく」として、カリキュラム・マネジメントの充実が提唱されました。日々の授業の学習評価に基づき、教育課程、すなわち、学校として選択した教育内容や配当した授業時数を評価、改善する取組みと捉えることができます。新しい概念ではありませんが、各学校にはこれまで以上に

意図的に取組み、確実に機能させることが求められます。

　なお、カリキュラムは、狭義には、「教育目的の効率的な達成に向けて組織される教育計画」を指します[9]。これは「顕在的カリキュラム」とされ、各学校が編成する教育課程が相当します。広義には、「学校教育における児童生徒の経験の総体」としてとらえられ、「顕在的カリキュラム」のほか、教師が無意識のうちに伝達し、子どもが無自覚に学習する価値や規範等の「隠れたカリキュラム」を含むものとされます[10]。このように、本来、カリキュラムと教育課程は同義ではありませんが、カリキュラム・マネジメントについては、ほぼ同義で用いられていると理解することができます。

（1）個別の指導計画の PDCA と教育課程の PDCA をつなぐ

　重複障害者等に関する教育課程の取扱いの適用が認められている特別支援学校でカリキュラム・マネジメントを機能させるためには、個別の指導計画の PDCA と教育課程の PDCA が連動するシステムの構築が欠かせません。次年度の教育課程編成に向けて今年度の教育課程を評価する際に、一人ひとりの個別の指導計画に記された学習評価を根拠資料とする仕組みを整えることが重要となります。教育課程を構成する教育内容に照らした実態や指導目標、学習評価を記す個別の指導計画の書式か否かが鍵を握ります。

（2）卒業後の視点から教育課程を評価する

　教育課程編成の裁量が大きい特別支援学校のカリキュラム・マネジメントでは、教育内容の選択（変更）や授業時数の設定に際し自らが行った判断や根拠とした資料に目を向け、その妥当性や客観性について評価することが重要です。「めざす子ども像」を描き、その実現に向けて「卒業時までに育む力」を明文化している学校もあります。在学中に培った力を卒業後の生活でどのように発揮しているのか、学校の見立ては十分だったのか、「卒業後」の生活を送る卒業生の視点も生かして教育課程を評価する営みが求められます[11]。

（3）自立活動の指導を担う教師の成長を支える現職研修

　自立活動の指導については、自らが設定した指導目標自体に不安を抱く教師が少なくないことが指摘されています[12]。個別の指導計画作成システムを中心とした、自立活動の指導を担う教師の成長を支える研修体制を構築することが、カリキュラム・マネジメントを機能させるためにも重要かつ不可欠です。

＊　　＊

　教育課程は、子どもたちにどのような力を育むことを重視するのか、自校の教育に対する意思の表明です。その意思を日々の授業実践につなぐ役割を果たすのが個別の指導計画です。みなさんは、これからさまざまな特別支援学校（肢体不自由）の教育課程編成の実際や個別の指導計画に触れる機会、また、個別の指導計画に基づき授業実践に臨む機会があると思います。本章が、教育課程と個別の指導計画、そして授業の関係について理解を深める一助になれば幸いです。

引用・参考文献 ————
1) 中央教育審議会答申「幼稚園、小学校、中学校、高等学校及び特別支援学校の学習指導要領等の改善及び必要な方策等について（平成28年12月21日）」。https://www.mext.go.jp/b_menu/shingi/chukyo/chukyo0/toushin/1380731.htm（2023年2月2日最終閲覧）
2) 文部科学省（2017）「特別支援学校教育要領・学習指導要領解説総則編（幼稚部・小学部・中学部）」。https://www.mext.go.jp/component/a_menu/education/micro_detail/__icsFiles/afieldfile/2019/02/04/1399950_3.pdf（2023年2月2日最終閲覧）
3) 文部省（1947）「学校教育法施行規則（文部省令第十一号）」。https://elaws.e-gov.go.jp/document?lawid=322M40000080011（2022年11月30日最終閲覧）
4) 文部科学省（2017）「小学校学習指導要領」。https://www.mext.go.jp/content/1413522_001.pdf（2022年11月30日最終閲覧）
5) 文部科学省（2017）「特別支援学校小学部・中学部学習指導要領」。https://www.mext.go.jp/content/20200407-mxt_tokubetu01-100002983_1.pdf（2023年2月2日最終閲覧）
6) 古川勝也・一木薫編著（2020）『改訂版 自立活動の理念と実践』ジアース教育新社。
7) 文部省（1999）「盲学校、聾学校及び養護学校小学部・中学部学習指導要領」。https://www.mext.go.jp/a_menu/shotou/cs/1320719.htm（2023年2月2日最終閲覧）
8) 文部科学省（2008）「特別支援学校小学部・中学部学習指導要領」海文堂。https://www.mext.go.jp/content/20200407-mxt_tokubetu01-100002983_1.pdf（2022年12月8日

最終閲覧）

9) 辰野千壽編（2005）『最新 学習指導用語事典』教育出版株式会社。

10) 日本カリキュラム学会編（2001）『現代カリキュラム事典』ぎょうせい。

11) 一木薫（2020）『重度・重複障害教育におけるカリキュラム評価──自立活動の課題とカリキュラム・マネジメント』慶應義塾大学出版会。

12) 一木薫・安藤隆男（2010）「特別支援学校（肢体不自由）における自立活動を主として指導する教育課程に関する基礎的研究──教師の描く指導の展望に着目して」『障害科学研究』34 号、179–187 頁。

（一木　薫）

第4章

教科の指導と学習上の困難

　肢体不自由のある子どもの教科指導では、どのような工夫が必要なので
しょうか。本章では、肢体不自由のある子どもの障害特性や学習上の困難、
多様な個々の実態に応じた授業づくりの考え方に焦点を当てて説明します。

1 教科指導の考え方

　吉崎（1987）は、授業に関わる教師の知識領域として、「教材内容につい
ての知識」「教授方法についての知識」「児童生徒についての知識」をあげて
います[1]（図4-1）。

　教科については、学習指導要領に目標の系統性と扱う内容の順序性が明記
されます。各学年（特別支援学
校（知的障害）の各教科の場合、
各段階）の目標・内容を十分に
理解した上で、教材の内容やそ
の価値を吟味し、知識として身
につけることが大切です（図
4-1「1. 教材内容についての知
識」）。

　2017（平成29）年に告示され
た学習指導要領では、育成すべ
き資質・能力との関連で各教科
の目標が整理されました[2]。こ

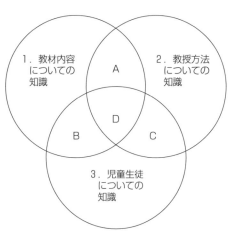

図4-1　授業に関わる教師の知識領域

のことは、特別支援学校（知的障害）の各教科についても同様です[3]。また、小学校等の各教科については国立教育政策研究所[4]が、特別支援学校（知的障害）の各教科については文部科学省[5]が、各学年や各段階の評価の観点の趣旨を示しています。授業では、これらの目標及び評価の観点の趣旨を踏まえて指導目標を設定し、その達成状況を学習評価として記録します（目標に準拠した評価）。

　肢体不自由のある子どもは、小学校等の各教科を学びます。知的障害を伴う場合、特別支援学校（知的障害）の各教科を学ぶ場合もあります。いずれの各教科の目標・内容にも、肢体不自由ゆえの学びにくさは考慮されていません。そこで、授業の実際では、それぞれの子どもが教科の内容を習得し目標を達成する上で、肢体不自由の状態がどのように影響するのか、想定される学習上の困難を踏まえて必要な手だてを検討することが不可欠になります（図4-1「2. 教授方法についての知識」）。第3節で後述します。

　そして、指導方法の工夫を図るには、子どもを深く理解しなければなりません（図4-1「児童生徒についての知識」、肢体不自由のある子どもの主な起因疾患については第2章を参照）。起因疾患は同じでも、子どもの実態は多様です。各教科の学習に際し、それぞれの子どもはどのような学習上の困難に直面しているのか、授業に先立って把握します。次の第2節で具体的に説明します。

　なお、すべての知識が複合する、図4-1の「D」が授業です。授業場面における指導の工夫は子どもの数だけ存在します。個々の実態に即した指導の工夫を見出すための視点、考え方であることに留意して、理解を深めてください。

② 肢体不自由のある子どもの障害特性と学習上の困難

　肢体不自由のある子どもの起因疾患は多岐にわたりますが、脳性疾患の占める割合が高く、中でも脳性まひがその多くを占めます。脳性まひの子どもは、脳損傷による運動障害を有するほか、知的障害、てんかん、言語障害、視覚障害、知覚－運動障害など、さまざまな副障害を随伴する場合が少なく

ありません。したがって、肢体不自由のある子どもの教科指導に際しては、授業に先立って、対象となる子どもの障害特性が学習に及ぼす影響を把握し、それに対応する指導の工夫を講じることが必要となります。

(1) 上肢障害のある子ども

　表4-1に、障害特性に対する指導の工夫及び配慮の例を示しました[6]。

　上肢障害のある子どもの場合には、書字や作業に多くの時間を要したり、困難であったりすることがあります。「子ども自身が書く行為を遂行することが目標達成のために不可欠なのか」「自らの手で操作することを目標とするのか」、学習指導要領や評価の観点の趣旨も参照しながら、授業で達成を目指す目標を分析します。その上で、書字や作業の量の調節、作業時間の確保、代替機器の活用、代筆など、必要な工夫を吟味することが大切です。

　例えば、小学校学習指導要領の国語科に示された第1学年及び第2学年の「場面の様子について、登場人物の行動を中心に想像を広げながら読むこと」を扱う授業では、子どもが読解に取り組む時間を十分に確保するために、必要な書字は教員が「代筆」します。上肢障害のために書字が困難な子どもに対する「語と語や文と文の続き方に注意しながら、つながりのある文や文章を書くこと」の指導では、「パソコンの活用」も工夫の一つです。しかし、「筆順に従って文字を正しく書くこと」を指導する際は、「教員が手を添えて子どもと一緒に空書する」「複数の筆順例から正しいものを選択させる」などの工夫が望まれます。

(2) 下肢障害のある子ども

　下肢に障害のある子どもの場合、活動場所の制約や移動を伴う活動が困難なほか、踏みしめて全身の力を出すことが難しいことが制作活動や歌唱に影響することもあります。また、行動範囲が制約されるために、授業の目標達成に必要な学習レディネスが十分に備わっていない場合もあります。

　授業では、机や椅子の高さの工夫や子どもが活動しやすいスペースの確保などの環境整備のほか、必要に応じて子どもの生活と関連づけた具体的な活動を取り入れ、直接経験・間接経験を保障することも大切です。

表 4 - 1　障害特性に対する指導の工夫及び配慮の例

障害		授業などに及ぼす影響	指導の工夫及び配慮
運動障害	上肢障害	・文字を書くことが難しい	・滑り止めマットや文鎮などを活用し、ノートを固定 ・パソコン、トーキングエイドなどの代替機器の活用
		・手指を使った作業が難しい 　例）道具の活用、楽器演奏実験器具の操作制作活動など	・不随意的な動きにも対応した作業スペースの確保 ・机や楽器、制作物の位置等、活動を行う位置の工夫 ・扱いやすい素材や題材の利用 ・作業法の工夫や手順の単純化
		・時間がかかる	・目標の重点化、作業時間確保、必要に応じて教員が代筆
	下肢障害	・活動場所の制約 ・実地調査などの難しさ	・遠隔コミュニケーション手段やネットサービスなどの活用 ・生活と関連づけた具体的・体験的活動の導入
		・移動、跳躍運動などの制限	・個に応じたルールや課題の設定（競走の距離等）
	体幹保持困難	・見えにくい ・活動しにくい	・姿勢保持の訓練や椅子・机など体にあった物の使用（PT や OT との連携）
	経験不足	・興味関心の幅が狭い ・受身、自信をもちにくい	・具体的操作や経験の機会を多くもつ（家庭との連携） ・見通しを持って学習に取り組める工夫
その他の障害	視覚障害・視覚－運動障害	・文字識別の困難さや行飛ばしが見られる	・教員が指し示す、拡大する、色をつける、書見台などを利用して角度を工夫するなど、見えやすくする
		・位置や形をとらえづらく、文字を書きにくい	・文字や漢字の学習では筆順に沿って、たて・横など運動の方向を言語化し、視覚情報を聴覚情報に置き換える ・形や全体像を指でなぞらせるなど、触覚を利用する ・マス目を利用するなどして文字の書き始めの位置や大きさを捉えさせる
		・図形の認知能力にかける ・統計資料や地形図を正確に読み取ることが難しい ・図や表、グラフの読み取りが難しい	・太くする、拡大する、形ごとに色分けする、辺や頂点など、構成要素ごとに色分けするなど、見えやすくする ・拡大地図、ルーペなど補助具の活用、情報量の少ない地図、資料の利用、注視ポイントを提示するなど、見えやすくする ・触地図や模型などを活用して視覚情報を触覚情報に置き換えたり、資料や地図の位置、形、大きさなどを言語化し聴覚情報に置き換えたりする
	言語障害（構音障害・吃音など）	・意見が伝わりにくい	・パソコンやトーキングエイドなど、代替手段の活用
		・伝えるのに時間がかかる	・あいづちや正しい言葉で繰り返すなどして伝えようとする姿を受容する
		・リコーダーなどが難しい	・呼吸のコントロールが必要な楽器は適さないため他の楽器で代替する

出典：文献6）を元に筆者が一部改変

表4-2 各教科の授業で子どもが示す学習上の困難の例

教科	子どもが示す学習上の困難の例
国語	「読む」学習では、読んでいる場所を見失う、文字飛ばしや行飛ばしがある、音読は可能でも内容理解に困難を示すことがある。「書く」学習では、文字の形を整えることが苦手だったり、似た漢字と取り違えたりする。このような困難は、英語においてもあり、「b」と「d」、「m」と「n」のように形の似たアルファベットを混同してしまう。数学の方程式では、「b」と「6」を区別できないために誤答することもある。また、罫線やマス目のない白紙に文章を書く場合に、どこから書き出したらよいのか困惑し、配置や文字の大きさのバランスを取ることが難しいこともある。
算数・数学	上肢操作にそれほど困難を示さない子どもでも、筆算の方法は理解しているのに実際に書くと位がずれてしまうことや三角形を正確に描くことができないことがある。また、定規や分度器の目盛りを読むことや、グラフ上に座標を記すこと、指定された座標を読み取ることが難しい場合がある。これらは、理科や社会、技術・家庭など、多くの教科の学習場面で共通する困難である。
理科	グラフや表、天気図等から必要な情報を読み取ることに加え、実験装置全体の位置関係を把握したり、空間図で示された天体の位置や動きを理解したりする学習で苦労することがある。
社会	特に地図や地形図、統計資料の読み取り、活用の学習で困難を示す。また、身近な地域の調査学習で校外に出た際に、周囲の位置関係を把握しながら移動することが難しい場合がある。
音楽	楽譜から音符や記号を読み取ることや、楽譜への記録がなかなかうまくいかない。キーボードや木琴の演奏では、弾く（たたく）鍵盤を見つけることが難しいこともある。
図工・美術	顔を描く際に顔の輪郭に対して的確な位置に目や鼻を配置して描くこと、写生で対象物の輪郭を読み取ること、三次元の世界を二次元に再構成することなどで困難がみられる。
体育	整列の際に上手に並べない、体操の手本を模倣できない、球技でボールや他者の動きに合わせて自分の動きを調整することが難しいなどがあげられる。
技術・家庭	寸法に沿った罫書きや、あらかじめ記した印通りにミシンで縫う学習で困難を示す。

出典：文献7）に基づき筆者が作成

（3）視覚認知に困難のある子ども

　肢体不自由のある子どもの中でも、大脳皮質の運動野の損傷を原因とする痙直型両まひの子どもは、頭頂葉の損傷を受けやすく、視覚系にも障害が及ぶ場合が少なくないとされています。よって、視力には問題がないにもかかわらず、視覚を十分に活用できないことや視覚認知の発達の異常が原因で、文字の弁別や認知が難しかったり、再生が困難であったりする子どもがいます。子どもが書字の場面で苦労している背景には、手を動かしにくいという上肢操作の困難だけではなく、「見えにくさ・とらえにくさ」の困難も潜んでいる可能性があります。指導者は、その視点を持って実態を把握する必要

があります。

このような子どもたちが各教科の授業で示す学習上の困難の例を表4-2に示しました[7]。

授業における実際の手だてとしては、「情報量を整理すること」「色や太さ、コントラストを工夫して注目してほしい箇所を目立たせること」「デジタルカメラを活用するなどして、三次元を二次元に再構成する手がかりを提示すること」「子どもが比較的得意とする聴覚情報、ことばを用いて適切に指示を添えること」などがあげられます。また、「子どもが自身の身体感覚を十分に使って位置や方向を確かめたり、視点の変化による形の見え方の違いに気づかせたりすること」も重要です。

③ 教科指導における配慮事項

本書第3章で確認したように、特別支援学校（肢体不自由）では、小学校等の各教科を指導することが前提となっています。特別支援学校学習指導要領第2章各教科の第1節第1款に、「各教科の目標、各学年の目標及び内容並びに指導計画の作成と内容の取扱いについては、小学校学習指導要領第2章に示すものに準ずるものとする」とあるのはそのためです。

一方で、肢体不自由の障害特性が学習の成立に困難をもたらすことが少なくありません。そこで、前述の文に続き、「指導計画の作成と各学年にわたる内容の取扱いに当たっては、児童の障害の状態や特性及び心身の発達の段階などを十分考慮するとともに、特に次の事項に配慮するものとする」として、教科指導を行う際の配慮事項が明記されています（表4-3）。

以下、(1) ～ (5) の各事項について説明します。

(1) 思考力、判断力、表現力等の育成

「思考力、判断力、表現力等の育成」は、2008（平成20）年の学習指導要領改訂の際に小学校や中学校の学習指導要領に明記されて以降、すべての子どもに、より意図的に育むことが課題となっています。一方、肢体不自由のある子どもは、上肢操作の制約から自らの思考を書いて整理したり、イメー

表4‐3　肢体不自由者である児童に対する教育を行う特別支援学校

> (1)　体験的な活動を通して言語概念等の形成を的確に図り、児童の障害の状態や発達の段階に応じた思考力、判断力、表現力等の育成に努めること。
> (2)　児童の身体の動きの状態や認知の特性、各教科の内容の習得状況等を考慮して、指導内容を適切に設定し、重点を置く事項に時間を多く配当するなど計画的に指導すること。
> (3)　児童の学習時の姿勢や認知の特性等に応じて、指導方法を工夫すること。
> (4)　児童の身体の動きや意思の表出の状態等に応じて、適切な補助具や補助的手段を工夫するとともに、コンピュータ等の情報機器などを有効に活用し、指導の効果を高めるようにすること。
> (5)　各教科の指導に当たっては、特に自立活動の時間における指導との密接な関連を保ち、学習効果を一層高めるようにすること。

出典：文献3）の第2章各教科第1節より

ジしたままに描いたりすることが困難なことがあります。また、構音障害のために存分に意見を述べることが難しい場合もあります。よって、一般の子ども同様に各教科の学びにおける思考力、判断力、表現力等を培うためには、肢体不自由のある子どもが学習活動に十分に取り組むことができるよう、障害の状態に応じて指導の工夫を図る必要があるのです。

　また、言語概念を形成する過程においては、体験と言葉を結びつけて理解を深める経験が重要になります。肢体不自由ゆえに一般の子どもたちと同様の体験を積み重ねることが困難な可能性も踏まえ、丁寧に言語概念を形成していく視点が欠かせません。

(2) 指導内容の精選

　「指導内容の精選」を理解するためには、「内容」と「指導内容」の区別が必要です。学習指導要領には、例えば、国語の目標に続いて国語の「内容」が明記されています。各教科の「内容」はすべて扱うことが前提であり、精選はできません。「指導内容」は、子どもが各教科の「内容」を習得し目標を達成するために、授業段階で具体的に設定されるものです。

　授業では、多くの場合、教科書が用いられます。教科書会社は、教科書の作成に際し、学習指導要領に記された各教科の目標と内容を吟味します。そして、当該学年の子どもたちが、標準授業時数の中で、内容を習得し目標を達成するためには、どのような活動のまとまりを設定するとよいか、検討を重ねます。「各教科の目標・内容」「子どもたちの実態」「標準授業時数」の

3つを踏まえ、活動のまとまりとしての単元や指導内容を設定するのです。

　よって、特別支援学校（肢体不自由）で各教科の指導をする際に、小学校等の教科書をそのまま指導するだけでは、子どもたちの学びの成立を十分に図ることができません。なぜなら、子どもたちが学ぶ「各教科の目標・内容」は小学校等の子どもたちと同一であっても、「子どもたちの実態」や「標準授業時数」が異なるからです。肢体不自由のある子どもたちは、障害ゆえのさまざまな学習上の困難に直面します。確かな学びの成立を図るために、標準授業時数以上の授業時数を確保したいところです。しかし、特別支援学校（肢体不自由）の教育課程には必ず自立活動が位置づけられるため、教科によっては標準授業時数を下回る授業時数の配当しか叶わないのが現状です。

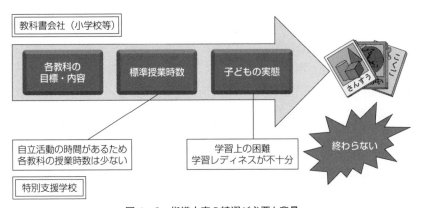

図4-2　指導内容の精選が必要な背景

　そこで必要となるのが「指導内容の精選」です。自校の配当授業時数のなかで、肢体不自由のある子どもたちが当該教科の内容を習得し目標を達成するために、適切な指導内容を教師自ら吟味し、設定することが求められます。そのためには、各教科の目標・内容を分析し、その本質を見極めることが不可欠となります。

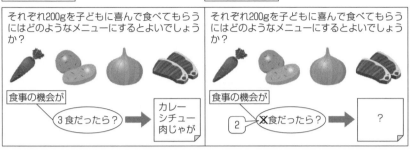

※「カレー」「シチュー」「肉じゃが」のいずれか1食を省く方法をとってしまうと、すべての食材を200gずつ食べることができなくなってしまいます。
　→食材を踏まえて、調理法を工夫する（＝各教科の目標・内容の分析を通して、単元設定を工夫し指導内容の精選を図る）しかないのです。

図4-3　指導内容精選の考え方

（3）姿勢や認知の特性に応じた指導の工夫

　肢体不自由のある子どもに教科指導を行う際には、姿勢への配慮が欠かせません。教師は、子どもの理解を促すための板書や教材の工夫を図りますが、子どもにどのように見えているかを確認することが大切です。正対して捉えることができていないために、提示された視覚情報の位置関係を誤って捉えたり、全体を把握できなかったりしてしまい、十分な理解につながらないこともあります。

　また、前述の通り、肢体不自由のある子どもには認知面の困難を伴う子どもも少なくありません。しかし、認知面の困難は教師に気づかれにくいために、必要な指導の工夫が十分に図られない現状がありました。そこで、2008（平成20）年の特別支援学校の学習指導要領改訂の際に、この配慮事項（表4-3の（3））が新たに加えられました。

　実は、肢体不自由教育の先人たちは、肢体不自由のある子どもの認知面の困難を把握し、指導の工夫とともに報告していました（例えば、青柳・松原，1968[8]、村田・川村 1973[9]）。ところが、1979（昭和54）年の養護学校教育義務制実施に向けて肢体不自由養護学校が全国に増える中で、肢体不自由教育の現場では、対象となる子どもの障害の重度・重複化への対応が喫緊の課題

となりました。結果として、肢体不自由のある子どもの認知面の困難の実態や指導の工夫に関する実践知が十分に継承されなかったのです。

　肢体不自由のある子どもは、小学校等の通常学級にも在籍しています。認知面の困難を伴っている可能性もあることを教師が自覚して子どもの実態を把握することが、子どもの学習成立に必要な指導の工夫を講じるために不可欠です。2008（平成20）年の学習指導要領[10]は、特殊教育から特別支援教育に転換して初めて告示される学習指導要領でした。この配慮事項が追加された背景には、肢体不自由のある子どもの認知面の困難にも目を向けてほしい、そのことにより、通常学級を含む多様な学びの場における肢体不自由のある子どもの学習の充実を図りたいとの思いがあったのです。

（4）補助具や補助的手段、コンピュータなどの活用

　肢体不自由のある子どもは、教科の目標を達成する力を備えていても、障害の状態から学習活動に十分に取り組むことや、自らの思いを意のままに表現することが困難なことも少なくありません。「文章の段落間のつながりをつかむ上で、下肢の障害は影響するだろうか」「視覚認知の困難については

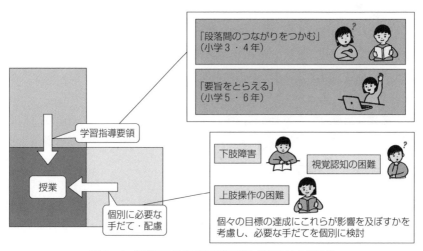

図4-4　授業における目標設定に際し必要な二つの視点

出典：文献6）を元に筆者が作成

68

どうだろう」「要旨をまとめる際に、上肢操作の制約が影響するとしたら、どのような手だてが有効だろうか」、それぞれの子どもの授業の目標にその子どもの障害の状態を照らし、想定される学習上の困難を踏まえた指導の工夫を図ります（図４−４）。指導の工夫は、デジタル機器の活用だけでなく、身近な日用品をその子どもに合わせてアレンジしたものが効果的なことも多々あります。

　具体的な指導の工夫は、「子どもは何を学ぶのか（目標）」と「子どもの実態」から導き出されるものでなければなりません。

（5）自立活動の時間における指導との関連

　特別支援学校の学習指導要領解説（自立活動編）[11]には、自立活動の意義について表４−４のように記されています。

　各教科の授業では、各教科の目標の達成を目指します。小学部であれば45分のすべてを、当該教科の目標達成のために費やします（自立活動の指導は行いません）。しかし、教科の目標を達成させるためには、その子どもの障害ゆえの学習上の困難を踏まえた手だてを講じることが不可欠となります。

　一方、自立活動では、学習上の困難をもたらす背景要因を探り、改善を図るための指導を行います。自立活動の指導における学習上の困難の改善状況を踏まえながら、手だてを工夫し、教科の指導を展開する必要があります。

　図４−５に、各教科と自立活動の実態把握から指導目標の設定に至る手続

表４−４　自立活動の意義と指導の基本

　小・中学校等の教育は、幼児児童生徒の生活年齢に即して系統的・段階的に進められている。そして、その教育の内容は、幼児児童生徒の発達の段階等に即して選定されたものが配列されており、それらを順に教育をすることにより人間として調和のとれた育成が期待されている。

　しかし、障害のある幼児児童生徒の場合は、その障害によって、日常生活や学習場面において様々なつまずきや困難が生じることから、小・中学校等の幼児児童生徒と同じように心身の発達の段階等を考慮して教育するだけでは十分とは言えない。そこで、個々の障害による学習上又は生活上の困難を改善・克服するための指導が必要となる。このため、特別支援学校においては、小・中学校等と同様の各教科等のほかに、特に「自立活動」の領域を設定し、その指導を行うことによって、幼児児童生徒の人間として調和のとれた育成を目指しているのである。

出典：文献11）より

きの関係を示しました。各教科の実態把握で得た学習上の困難に関する情報を、自立活動の実態把握に基づき作成する課題関連図（本書第3章図3-5）に照らすことにより、学習上の困難がなぜ生じるのかを理解することができます。授業時の子どもの変容を適宜共有し、それぞれの授業に還元することが重要です。

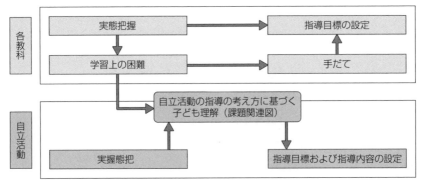

図4-5　各教科の指導と自立活動の指導の関連

④ 知的障害を伴う子どもの各教科の指導

（1）特別支援学校（知的障害）の各教科を指導する際に必要な配慮

　知的障害を伴う肢体不自由のある子どもの中には、特別支援学校（知的障害）の各教科を学ぶ子どももいます（本書第3章）。特別支援学校（知的障害）の各教科の目標や内容は、知的障害の特徴や適応行動の困難さなどを踏まえて検討されたものです。一方で、肢体不自由の障害特性は考慮されていません。よって、指導に際しては、子どもの肢体不自由の状態が目標達成に及ぼす影響を整理し、必要な手だてを講じることが肝要です。

　なお、「重複障害者等に関する教育課程の取扱い」は、特別支援学校（肢体不自由）で学ぶ子どもが知的障害を伴う場合、小学校等の各教科の目標・内容を特別支援学校（知的障害）の各教科の目標・内容に替えることを、選択肢として提示したものです。特別支援学校（知的障害）で実践されること

の多い各教科などを合わせた指導（例えば、生活単元学習や日常生活の指導）を行うとの誤解には注意が必要です。最適な教育内容（「何を学ぶのか」）を選択したうえで、授業の形態（「どのように学ぶのか」）を検討することが求められます。

(2) Sスケールの活用

　特別支援学校（知的障害）の各教科を学ぶ肢体不自由のある子どもには、知的障害の状態が重度な子どもたちも少なくありません。このような子どもたちの確かな学びを評価するためには、細やかな実態把握と具体的な目標設定が不可欠です。しかし、特別支援学校（知的障害）の各段階（小学部3段階、中学部2段階、高等部2段階）の目標だけでは、十分な指標とならないこともしばしばです。

　そこで、特別支援学校（知的障害）の各教科の目標の系統性を補完するツールとして活用されているのが、Sスケール（学習到達度チェックリスト）です[12]。代表的な行動を手がかりとしながら、子どもの発達の段階を判断します。発達段階の意義（段階意義）についての理解を深め、子どもは外界の情報をどのように受け止め、理解し、外界にどのように関わる力を有しているのかを把握するのです[13]。言葉や形、身近な植物、楽器の音色など、教科によって子どもに提示する外界は異なりますが、外界への気づきを促し、子ども自身の思考を引き出し、理解を図る営みは共通です。そして、子どもと

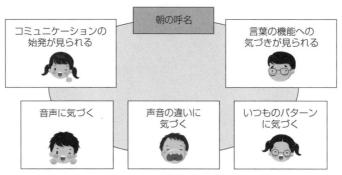

図4-6　一人ひとりの実態に応じた朝の会の呼名（国語の例）

外界の橋渡しを担う存在が教師です。子どもの発達に関する理解は、子どもへの適切な関わり方を考える際の拠り所になります。

⑤ 多様な個々の実態に即した授業づくり

(1) 個別の指導計画を踏まえた年間指導計画の立案

　特別支援学校では、「重複障害者等に関する教育課程の取扱い」の適用により、同じ学年の子どもでも達成を目指す目標が個々に異なることが少なくありません。よって、それぞれの子どもの個別の指導計画には、今年度は何年生（特別支援学校（知的障害）の各教科であれば何段階）相当の目標達成を目指すのかを明記し、指導を担う教師間で共通理解を図る必要があります。

　一方、年間指導計画は、学習集団に対して作成されます。小学校等の通常学級の場合、学習集団を構成する子どもは、同じ目標の達成を目指します。例えば、小学校4年生の算数の授業では、全員が算数の4年生の目標達成を目指します。ところが、特別支援学校の場合、小学部4年生の学習集団に、4年生の目標達成を目指す子どもと2年生の目標達成を目指す子どもがいることが少なくありません。このように、学習集団を構成する子どもの実態が多様な場合、どのような手順で年間指導計画を立案するとよいのでしょうか。以下に、その手順を示します。

　　①多様な個々の実態に応じた授業を実践するためには、まず、どのように多様なのかを把握しなければなりません。そのため、個別の指導計画に基づいて、1年間の指導を通して何年生（または何段階）相当の目標の達成を目指すのか、学習集団を構成する一人ひとりの子どもの目標を確認します。

　　②今年度の目標を確認できれば、内容は学習指導要領に規定されます。例えば、Aさんの算数の目標は3年生相当と判断すれば、3年生の内容を扱うことになります。その上で、学習評価に関する参考資料[4][5]を参照し、扱う内容のそれぞれについて、子どもが授業でどのような姿を発揮すれば目標を達成したとみなすことができるのかを、個別に検討します。

　　③それぞれの子どもから②で検討した姿を引き出すためには、どのような

表4-5　特別支援学校（知的障害）「生活」の評価の観点及びその趣旨

	知識・技能	思考・判断・表現	主体的に学習に取り組む態度
3段階	活動や体験の過程において、自分自身、身近な人々、社会及び自然の特徴のよさ、**それらの関わりに気付いている**とともに、**生活に必要な習慣や技能を身につけている。**	自分自身や身の回りの生活のことや、身近な人々、社会及び自然と自分との関わりについて**理解し、考えたことを表現している。**	自分のことに取り組もうとしたり、身近な人々、社会及び自然に自ら働きかけ、意欲や自信をもって学ぼうとしたり、**生活を豊かにしようとしたり**している。
2段階	活動や体験の過程において、自分自身、身近な人々、社会及び自然の特徴や**変化に気付いている**とともに、**身近な生活**において必要な習慣や技能を身につけている。	自分自身や身の回りの生活のことや、身近な人々、社会及び自然と自分との関わりについて**気付き、感じたことを表現**しようとしている。	自分のことに取り組もうとしたり、身近な人々、社会及び自然に**自ら働きかけ**、意欲や**自信**をもって学ぼうとしたり、生活に生かそうとしたりしている。
1段階	活動や体験の過程において、自分自身、身近な人々、社会及び自然の特徴に**関心をもっている**とともに、**身の回りの生活**において必要な**基本的な**習慣や技能を身につけている。	自分自身や身の回りの生活のことや、身近な人々、社会及び自然と自分との関わりについて**関心をもち、感じたことを伝えようとしている。**	自分のことに取り組もうとしたり、身近な人々、社会及び自然に**関心をもち**、意欲をもって学ぼうとしたり、生活に生かそうとしたりしている。

出典：文献5）を元に筆者が作成（太字は筆者による）

　活動のまとまり（単元）を設定し、どのような文脈で展開するとよいのかを考え、適切な教材の選定や配当時数の検討を行います。多様な子どもの目標達成を実現する単元の設定や教材の選定に際して鍵を握るのは、評価の観点の趣旨を踏まえた、教科の目標分析です（表4-5）。

　なお、年間指導計画の作成に際しては、各単元の実施時期や順序も考慮します。それぞれの単元を、どの時期に、どのような順序で配列すると、より効果的な学びが成立するのかを考え、年間指導計画を立案します。

（2）同単元異目標による授業づくり

　学習集団を構成する個々の子どもの目標が異なる場合、同じ単元の中で異なる目標の達成を図る「同単元異目標による授業づくり」の考え方が必要です。なお、同単元異目標による授業づくりとは、それぞれの子どもの当該教科の目標達成に迫る授業を構想することです。何らかの活動を設定した後に、その活動の中でねらえそうな一人ひとりの目標を設定する授業のことではありません。活動ありきではなく、一人ひとりの当該教科の目標を達成させる

小学校の場合	特別支援学校の場合
・単元名 ・単元設定の理由 　　子ども観、単元観、指導観 ・単元目標　※集団で共通 ・単元計画 ・本時の目標　※集団で共通 ・本時の展開	・単元名 ・単元設定の理由 　　子ども観、単元観、指導観 ・単元目標　※実態に応じて複数 ・単元計画 ・本時の目標　※実態に応じて複数 ・本時の展開

図4-7　各教科（知的障害特別支援学校の各教科を含む）の
指導案の項立て

ための活動を設定することが重要です。

　学習集団を構成する子どもの実態によって、学習の成立に適した単元は変化します。前年度末に作成された年間指導計画を引き継ぐ場合には、どのような実態把握に基づき考案された単元なのかを理解した上で、授業構想の具体化を図る必要があります。

　図4-7に、各教科の指導案の項立ての実際を示しました。各教科の指導案の基本は、小学校等と特別支援学校で同一です。しかし、特別支援学校では、「重複障害者等に関する教育課程の取扱い」の適用が可能なために、学習集団を構成する子どもの実態によっては、単元目標や本時の目標が複数設定されます。この同単元異目標による授業構想こそが、特別支援学校における教科指導の特徴なのです。

＊　　　＊

　肢体不自由ゆえにさまざまな学習上の困難に直面する子どもたちに対して、確かな教科の学びを保障するためには、小学校等の各教科、特別支援学校（知的障害）の各教科のいずれにおいても、「子どもは何を学ぶのか」、教科の本質を理解することが不可欠です。「指導内容の精選」も適切な「単元設定」もこれなしには実現しません。

　特別支援学校（肢体不自由）の教師には、各教科の指導の専門性が求められます。授業に関わる教授知識（図4-1）[1] を蓄えながら、日々の「授業」で子どもと向き合い、省察を繰り返すことを通して、教科の指導力を向上させていきましょう。

引用・参考文献

1) 吉崎静夫（1987）「授業研究と教師教育（1）——教師の知識研究を媒介として」『教育方法学研究』13巻、11～17頁。

2) 文部科学省（2017）「小学校学習指導要領」。https://www.mext.go.jp/content/1413522_001.pdf（2022年12月5日最終閲覧）

3) 文部科学省（2017）「特別支援学校小学部・中学部学習指導要領」。https://www.mext.go.jp/a_menu/shotou/new-cs/youryou/tokushi/1284525.htm（2022年12月5日最終閲覧）

4) 国立教育政策研究所（2020）「『指導と評価の一体化』のための学習評価に関する参考資料」（小学校編・中学校編）。https://www.nier.go.jp/kaihatsu/shidousiryou.html（2022年12月5日最終閲覧）

5) 文部科学省（2020）「特別支援学校小学部・中学部学習評価参考資料」。https://www.mext.go.jp/content/20200515-mxt_tokubetu01-1386427.pdf（2022年12月5日最終閲覧）

6) 筑波大学附属桐が丘養護学校（2005）「文部科学省特殊教育研究協力校研究成果報告書 肢体不自由教育における小中高一貫の教育計画と評価——学習評価の改善を通して実現する『個の教育的ニーズ』に応じた指導」。

7) 一木薫（2009）「連載講座 肢体不自由児の教科指導（2）」『肢体不自由教育』第188号、44～47頁。

8) 青柳勝久・松原達哉（1968）「脳性まひ児の学習能率」『特殊教育学研究』第6巻第1号、25～32頁。

9) 村田茂・川村秀忠（1973）「学習障害についての概念——脳性まひ児と学習障害（その1)」『学習障害研究、国立特殊教育総合研究所肢体不自由・病弱教育研究部肢体不自由教育研究室』第1集、1–22頁。

10) 文部科学省（2008）「特別支援学校小学部・中学部学習指導要領」。https://www.mext.go.jp/a_menu/shotou/new-cs/youryou/tokushi/1284525.htm（2022年12月5日最終閲覧）

11) 文部科学省（2018）「特別支援学校教育要領・学習指導要領解説 自立活動編（幼稚部・小学部・中学部）」。https://www.mext.go.jp/component/a_menu/education/micro_detail/__icsFiles/afieldfile/2019/02/04/1399950_5.pdf（2023年2月2日最終閲覧）

12) 徳永豊編著（2021）『障害の重い子どもの目標設定ガイド第2版 授業における「Sスケール」の活用』慶應義塾大学出版会。

13) 徳永豊・田中信利編著（2019）『障害の重い子どもの発達理解ガイド——教科指導のための「段階意義の系統図」の活用』慶應義塾大学出版会。

（一木　薫）

第 5 章

自立活動の指導

「自立活動」は、肢体不自由教育を含め、特別支援教育において重要な教育内容です。まず、自立活動の前身である「養護・訓練」創設の背景から自立活動の成立に至る過程について概観し、自立活動の意義、個別の指導計画の作成、指導の在り方などについて解説します。

1 自立活動の成立

(1) 「養護・訓練」の成立過程

自立活動は、「個々の幼児児童生徒が自立を目指し、障害による学習上又は生活上の困難を主体的に改善・克服する」ために、特別支援学校に設けられた領域です。1999（平成11）年の学習指導要領などの改訂において、これまでの「養護・訓練」の名称が、「自立活動」に改められました。

「養護・訓練」は、1971（昭和46）年の学習指導要領の改訂において新たに設けられました。養護・訓練が新設される前の1963（昭和38）年度からの「養護学校（肢体不自由教育）学習指導要領」（文部省、1963）[1]では、小学部では「体育・機能訓練」として、また、中学部では「保健体育・機能訓練」として、それぞれ各教科に位置づけられ、肢体不自由のある児童生徒に対しての機能訓練を該当教科の時間だけではなく、学校教育全体を通じて行うものとされていました。小学部と中学部の学習指導要領の総則第4機能訓練では、「機能訓練の時間においては、特別な技能を有する教職員が、学校医の処方に基づき、児童生徒のもっている残存能力、代償能力、および回復能力を利用し、各種の機械器具をも活用して、児童の積極的な参加のもとに、

表5-1 「機能訓練」の目標及び内容

```
(1) 目標
    ア 機能の障害を改善するために必要な訓練を行ない、日常の起居動作の不自由を克服して
       生活能力の向上を図る。
    イ 機能訓練の意義を理解させ、積極的にこれに参加するとともに、日常生活においてもみ
       ずから訓練を行なうような態度を養う。
    ウ 障害の状態を自覚し、それに即した機能訓練の方法を身につけさせるようにする。
(2) 内容
    ア 機能の訓練
       (ア) 基本動作訓練
            他動運動、介助運動、自動運動、抵抗運動などを通して、各肢節の基本動作を習得
            する訓練を行なう。
       (イ) 起立歩行訓練
            起立歩行用の各種の器具を利用して、体幹および下肢の応用動作の訓練を行なう。
       (ウ) 水治訓練
            水の物理的特性を利用して、上記の諸訓練を行なう。
    イ 職能の訓練
       (ア) 応用動作訓練
            種々の作業を通して肢体の総合訓練を行なう。
       (イ) 日常生活動作訓練
            種々の日常生活動作を習得する訓練を行なう。
    ウ 言語の訓練
       発語・発音等に必要な基礎能力を高めるために呼吸調節や構音機能の訓練を行なう。
       上記の内容を実施するにあたっては、次の事項を指導するものとする。
       ・自己の障害を正しく理解させる。
       ・自己の障害を改善するのに必要な機能訓練の意味と方法を理解させる。
       ・みずから進んで機能訓練を行なう習慣と態度を養う。
```

出典：文献1)

個々の児童の障害の改善を図るように指導するものとする」と規定されました。

　養護学校（肢体不自由教育）における機能訓練の目標及び内容は、表5-1のように示されました。

　内容に示された「ア機能の訓練」は、理学療法、「イ職能の訓練」は、作業療法、「ウ言語の訓練」は、言語療法というべきもののことであり、肢体不自由のある児童生徒に対する機能訓練の内容は、医学的リハビリテーションにおける主な内容を養護学校学習指導要領へ持ち込み、位置付けたものともいえます（文部省、1987）。

　例えば、「機能の訓練」では、他動運動、介助運動、自動運動、抵抗運動などを通して、各肢節の基本動作を習得する基本動作訓練や、起立歩行用の

表5-2　「養護・訓練」の解説（1970 年）

> 　心身に障害を有する児童生徒の教育において、その障害からくる種々の困難を克服して、児童生徒の可能性を最大限に伸ばし、社会によりよく適応するための資質を養うためには、特別の訓練等の指導がきわめて重要である。これらの訓練等の指導は、ひとりひとりの児童生徒の障害の種類・程度や発達の状態等に応じて、学校の教育活動全体を通して配慮する必要があるが、さらになお、それぞれに必要とする内容を、個別的、計画的かつ継続的に指導すべきものであるから、各教科、道徳および特別活動とは別に、これを「養護・訓練」とし、時間を特設して指導する必要がある。

出典：文献2）

各種の器具を利用して、体幹および下肢の応用動作の訓練を行う起立歩行訓練、水治訓練が示されました。「職能の訓練」では、種々の日常生活動作を習得する日常生活動作訓練、「言語の訓練」では、発語・発音などに必要な基礎能力を高めるために呼吸調節や構音機能の訓練を行うことが内容として示されました。

　新設された養護・訓練に関して、1970（昭和45）年10月の教育課程審議会による「盲学校、聾学校および養護学校教育課程の改善について（答申）」では、表5-2のように述べられています。

　この答申に基づき、特殊教育諸学校の教育課程編成の領域として、小学校、中学校における「各教科」や「道徳」、「特別活動」の領域に加えて、「養護・訓練」が新設されました。養護・訓練以前の機能訓練などは、内容の選定や重点の置き方が学校種別、障害種別によって異なっていましたが、1979（昭和54）年改訂の学習指導要領において、「指導計画の作成と内容の取り扱い」については一本化され、養護・訓練はその目標及び内容が共通で示されました。その内容は、「心身の適応」「感覚機能の向上」「運動機能の向上」「意思の伝達」の4つの柱の下、12項目にまとめられました。

　養護・訓練の時間の指導については、「専門的な知識・技能を有する教師が行うことを原則とし、学校においては、全教師の協力のもとに養護・訓練に関する指導体制を整え、効果的な指導を行うようにすることが必要である」と改められ、養護・訓練に主体的に取り組む必要性を各教師に促すことになりました。また、1971（昭和46）年告示の小学部・中学部学習指導要領[3]で、「重複障害者のうち、学習が著しく困難な児童または生徒については、

各教科、道徳および特別活動の目標および内容に関する事項の一部を欠き、養護・訓練を主として指導を行うこと」と定めたことは、養護・訓練を重要視させることになりました。

(2)「養護・訓練」から「自立活動」へ

　1999（平成11）年の学習指導要領の改訂では、これまでの「養護・訓練」の名称が、この領域が一人ひとりの幼児児童生徒の実態に対応した活動であることや自立を目指した主体的な取組みを促す教育活動であることなどを一層明確にする観点から、「自立活動」に改められました。

　目標は、1989（平成元）年の学習指導要領では、「児童又は生徒の心身の障害の状態を改善し、又は克服するために必要な知識、技能、態度及び習慣を養い、もって心身の調和的発達の基盤を培う」と示されていました。1999（平成11）年の学習指導要領においては、「個々の児童又は生徒が自立を目指し、障害に基づく種々の困難を主体的に改善・克服するために必要な知識、技能、態度及び習慣を養い、もって心身の調和的発達の基盤を培う」とされました。この自立活動の目標の変更は、個々の児童生徒が自立を目指し、障害に基づく種々の困難を主体的に改善・克服しようとする取組みを促す教育活動であることが一層明確になるようにという観点から改められたものです。現在（2017年告示の「特別支援学校幼稚部教育要領 小学部・中学部学習指導要領」）は、「個々の児童又は生徒が自立を目指し、障害による学習上又は生活上の困難を主体的に改善・克服するために必要な知識、技能、態度及び習慣を養い、もって心身の調和的発達の基盤を培う」となっています。

　内容は、1999（平成11）年の学習指導要領においては、「健康の保持」「心理的な安定」「環境の把握」「身体の動き」「コミュニケーション」の5区分の下、22項目にまとめられました。さらに、2017（平成29）年告示の特別支援学校小学部・中学部学習指導要領では、自立活動の内容は、「健康の保持」「心理的な安定」「人間関係の形成」「環境の把握」「身体の動き」「コミュニケーション」の6区分の下、27項目にまとめられています（表5-3）。2022年度現在、この2017年告示の「特別支援学校幼稚部教育要領 小学部・中学部学習指導要領」[4]に基づいています。

表5-3　自立活動の内容

1. 健康の保持
 (1) 生活のリズムや生活習慣の形成に関すること
 (2) 病気の状態の理解と生活管理に関すること
 (3) 身体各部の状態の理解と養護に関すること
 (4) 障害の特性の理解と生活環境の調整に関すること
 (5) 健康状態の維持・改善に関すること
2. 心理的な安定
 (1) 情緒の安定に関すること
 (2) 状況の理解と変化への対応に関すること
 (3) 障害による学習上又は生活上の困難を改善・克服する意欲に関すること
3. 人間関係の形成
 (1) 他者とのかかわりの基礎に関すること
 (2) 他者の意図や感情の理解に関すること
 (3) 自己の理解と行動の調整に関すること
 (4) 集団への参加の基礎に関すること
4. 環境の把握
 (1) 保有する感覚の活用に関すること
 (2) 感覚や認知の特性についての理解と対応に関すること
 (3) 感覚の補助及び代行手段の活用に関すること
 (4) 感覚を総合的に活用した周囲の状況についての把握と状況に応じた行動に関すること
 (5) 認知や行動の手がかりとなる概念の形成に関すること
5. 身体の動き
 (1) 姿勢と運動・動作の基本的技能に関すること
 (2) 姿勢保持と運動・動作の補助的手段の活用に関すること
 (3) 日常生活に必要な基本動作に関すること
 (4) 身体の移動能力に関すること
 (5) 作業の円滑な遂行に関すること
6. コミュニケーション
 (1) コミュニケーションの基礎的能力に関すること
 (2) 言語の受容と表出に関すること
 (3) 言語の形成と活用に関すること
 (4) コミュニケーション手段の選択と活用に関すること
 (5) 状況に応じたコミュニケーションに関すること

出典：文献4)

② 自立活動の意義と指導の基本

(1) 自立活動の意義

　自立活動の意義について、特別支援学校教育要領・学習指導要領解説自立活動編には、次のように示されています。

特別支援学校の教育においては、こうした障害のある幼児児童生徒を対象として小・中学校等と同様に、学校の教育活動全体を通じて、幼児児童生徒の人間として調和のとれた育成を目指している。小・中学校等の教育は、幼児児童生徒の生活年齢に即して系統的・段階的に進められている。そして、その教育の内容は、幼児児童生徒の発達の段階などに即して選定されたものが配列されており、それらを順に教育することにより人間として調和のとれた育成が期待されている。しかし、障害のある幼児児童生徒の場合は、その障害によって、日常生活や学習場面においてさまざまなつまずきや困難が生じることから、小・中学校等の幼児児童生徒と同じように心身の発達の段階などを考慮して教育するだけでは十分とは言えない。そこで、個々の障害による学習上又は生活上の困難を改善・克服するための指導が必要となる。このため、特別支援学校においては、小・中学校等と同様の各教科などに加えて、特に自立活動の領域を設定し、それらを指導することによって、幼児児童生徒の人間として調和のとれた育成を目指しているのである。

　障害のある幼児児童生徒は、その障害による学びにくさがあり、各教科などにおいて育まれる資質・能力の育成につまずきなどが生じやすくなります。自立活動は、心身の調和的な発達の基盤に着目して指導するものであり、自立活動の指導が各教科などにおいて育まれる資質・能力を支える役割を担っているのです。

(2) 自立活動の目標

　自立活動の指導は、個々の幼児児童生徒が自立を目指し、障害による学習上又は生活上の困難を主体的に改善・克服しようとする取組みを促す教育活動です。特別支援学校の目的について、学校教育法第72条には、表5-4のように示されています。

　ここに示されている「障害による学習上又は生活上の困難を克服し自立を図るために必要な知識技能を授ける」ための指導を、「自立活動」の指導を中心に行うことになります。

表５-４　特別支援学校の目的（学校教育法第 72 条）

> 　特別支援学校は、視覚障害者、聴覚障害者、知的障害者、肢体不自由者又は病弱者（身体虚弱者を含む。以下同じ。）に対して、幼稚園、小学校、中学校又は高等学校に準ずる教育を施すとともに、障害による学習上又は生活上の困難を克服し自立を図るために必要な知識技能を授けることを目的とする。

　自立活動の目標は、「個々の幼児児童生徒が自立を目指し、障害による学習上又は生活上の困難を主体的に改善・克服するために必要な知識、技能、態度及び習慣を養い、もって心身の調和的発達の基盤を培う」と特別支援学校小学部・中学部学習指導要領（第７章第１）に示されています。

　自立活動における「自立」とは、特別支援学校教育要領・学習指導要領解説自立活動編によると、幼児児童生徒がそれぞれの障害の状態や発達段階に応じて、主体的に自己の力を可能な限り発揮し、よりよく生きていこうとすることを意味しています。そして、「障害による学習上又は生活上の困難を主体的に改善・克服する」とは、幼児児童生徒の実態に応じ、日常生活や学習活動などの諸活動において、その障害によって生じるつまずきや困難を軽減しようとしたり、障害があることを受容したり、つまずきや困難の解消のために努めたりすることです。また、「調和的発達の基盤を培う」とは、一人一人の幼児児童生徒の発達の遅れや不均衡を改善したり、発達の進んでいる側面をさらに伸ばすことによって遅れている側面の発達を促すようにしたりして、全人的な発達を促進することを意味しています。

　このように、自立活動の目標は、学校の教育活動全体を通して、児童生徒が障害による学習上又は生活上の困難を主体的に改善・克服するために必要とされる知識、技能、態度及び習慣を養い、心身の調和的発達の基盤を培うことによって、自立を目指すことを示したものです。

（3）自立活動の内容

　自立活動の内容は、「人間として基本的な行動を遂行するために必要な要素と、障害による学習上又は生活上の困難を改善・克服するために必要な要素」です。この代表的な要素が、６区分 27 項目に分類・整理されています。この６つの区分の内容は、表５-３に示したように、それぞれ３〜５項目ず

つ計 27 の項目で示されています。また、自立活動の内容は、幼稚部、小学部、中学部及び高等部にわたり、同一の内容で示されています。

6 区分 27 項目の内容については、区分ごと又は項目ごとに別々に指導することを意図しているわけではありません。個々の幼児児童生徒が必要とする項目を選定し、それらを相互に関連付けて具体的な指導内容を設定する必要があります。特別支援学校学習指導要領解説自立活動編には、この 6 区分 27 項目の選定の観点や具体的な指導内容例が示されており、指導の際の参考になります。

(4) 学習指導要領総則における自立活動

自立活動の指導については、特別支援学校小学部・中学部学習指導要領（第 1 章総則第 2 節 2 の（4））において、表 5 - 5 のように示されています。

自立活動の指導では、自立活動の時間における指導を中心として、各教科などと密接な関連を保ち、適切な指導計画の下に学校の教育活動全体を通じて行うことが明確に示されています。

幼児児童生徒の障害の状態によっては、自立活動の指導内容と教科で取り扱う指導内容が重なることもあります。教科の授業は、その教科の目標達成を図る授業ですから、自立活動の目標が設定されることはありません。しかし、自立活動の指導内容との関連から、教科の指導の中で配慮を行う必要があります。例えば、肢体不自由のある児童で、体幹をしっかりと起こして、一定時間座位姿勢を保持することを自立活動の時間における指導で取り組んでいる場合、教科の授業の中では座位姿勢を保持することは目標ではありませんので、自立活動で取り組んでいる指導内容を参考に、補助具などを使用して、楽に座位を保持することができるような支援が必要になります。この

表 5 - 5 「自立活動」の解説（2017 年）

学校における自立活動の指導は、障害による学習上又は生活上の困難を改善・克服し、自立し社会参加する資質を養うため、自立活動の時間はもとより、学校の教育活動全体を通じて適切に行うものとする。特に、自立活動の時間における指導は、各教科、道徳科、外国語活動、総合的な学習の時間及び特別活動と密接な関連を保ち、個々の児童又は生徒の障害の状態や特性及び心身の発達の段階等を的確に把握して、適切な指導計画の下に行うよう配慮すること。

出典：文献 4)

ように、教科の指導において行う配慮について、自立活動の指導との関連から検討します。

③　個別の指導計画の作成

(1) 自立活動の個別の指導計画

　自立活動の指導は、個々の幼児児童生徒の障害の状態や特性及び心身の発達の段階などに即して行うことが基本であるため、個別に指導目標（ねらい）や具体的な指導内容を定めた個別の指導計画を作成することとされています。

　自立活動の個別の指導計画の作成について、特別支援学校小学部・中学部学習指導要領（第7章第3の1）には、表5-6のように示されています。

　このように、自立活動の指導においては、個々の幼児児童生徒の障害の状態や発達の程度などの的確な把握に基づき、指導の目標及び指導内容を明確にし、個別の指導計画を作成する必要があります。

　学習指導要領には、自立活動について、教科のように目標の系統性は示されていません。そのため、幼児児童生徒一人一人の自立活動における指導の継続性を確保するには、個別の指導計画を確実に引き継いでいく必要があります。

表5-6　自立活動の個別の指導計画の作成

> 　自立活動の指導に当たっては、個々の児童又は生徒の障害の状態や特性及び心身の発達の段階等の的確な把握に基づき、指導すべき課題を明確にすることによって、指導目標及び指導内容を設定し、個別の指導計画を作成するものとする。

出典：文献4)

(2) 個別の指導計画の作成手順

　自立活動の個別の指導計画に関しては、各学校で作成手順や時期、書式などを検討して作成しています。自立活動の個別の指導計画を作成するうえでは、実態把握から指導目標を設定するまでのプロセスが重要になります。特別支援学校教育要領・学習指導要領解説総則編[5]では、自立活動の目標設定に至る手続きの例として、表5-7のように示されています。

表 5-7　自立活動の目標設定に至る手続きの例

a	個々の児童生徒の実態を的確に把握する。
b	実態把握に基づいて得られた指導すべき課題や課題相互の関連を整理する。
c	個々の実態に即した指導目標を設定する。
d	特別支援学校学習指導要領小学部・中学部学習指導要領第7章第2の内容から、個々の児童生徒の指導目標を達成させるために必要な項目を選定する。
e	選定した項目を相互に関連付けて具体的な指導内容を設定する。

出典：文献5)

　また、特別支援学校教育要領・学習指導要領解説自立活動編[6]では、実態把握から具体的な指導内容を設定するまでの「流れ図」が事例に即して示され、詳しく解説されています（図5-1）。

　以下、この流れ図に基づいて個別の指導計画の作成手順について説明します。

1) 実態把握

　図5-1の実態把握①では、障害の状態や経験の程度、興味・関心、学習や生活の中で見られる長所やよさ、課題などについて情報収集します。実態把握においては、興味・関心、生活や学習環境など、ICF（WHOによるInternational Classification of Functioning, Disability and Health;国際生活機能分類）の考え方でいう「個人因子」に加えて「環境因子」を大事にすることが大切です。

　実態把握のために必要な情報の内容として、病気などの有無や状態、生育歴、基本的な生活習慣、人やものとのかかわり、心理的な安定の状態、コミュニケーションの状態、対人関係や社会性の発達、身体機能、視機能、聴覚機能、知的発達や身体発育の状態、興味・関心、障害の理解に関すること、学習上の配慮事項や学力、特別な施設・設備や補助用具（機器を含む）の必要性、進路、家庭や地域の環境などさまざまなことが考えられます。その際、幼児児童生徒が困難なことのみを観点にするのではなく、長所や得意としていることも把握することが大切です。特に、肢体不自由のある幼児児童生徒の場合は、姿勢保持や移動手段の状況、日常生活動作、手指の操作や発声発語、コミュニケーションなどの状況に加えて、各教科の目標の達成程度や視覚的または聴覚的な情報処理の特性などの情報を収集します。

学部・学年	
障害の種類・程度や状態等	
事例の概要	

① 障害の状態、発達や経験の程度、興味・関心、学習や生活の中で見られる長所やよさ、課題等について情報収集

②－1　収集した情報（①）を自立活動の区分に即して整理する段階

健康の保持	心理的な安定	人間関係の形成	環境の把握	身体の動き	コミュニケーション

②－2　収集した情報（①）を学習上又は生活上の困難や、これまでの学習状況の視点から整理する段階

②－3　収集した情報（①）を〇〇年後の姿の観点から整理する段階

（左側ラベル：実態把握）

③ ①をもとに②－1、②－2、②－3で整理した情報から課題を抽出する段階

④ ③で整理した課題同士がどのように関連しているかを整理し、中心的な課題を導き出す段階

（左側ラベル：指導すべき課題の整理）

⑤ ④に基づき設定した指導目標（ねらい）を記す段階

課題同士の関係を整理する中で今指導すべき指導目標として	

⑥ ⑤を達成するために必要な項目を選定する段階

指導目標（ねらい）を達成するために必要な項目の選定	健康の保持	心理的な安定	人間関係の形成	環境の把握	身体の動き	コミュニケーション

項目間の関連付け

⑦ 項目と項目を関連付ける際のポイント

⑧ 具体的な指導内容を設定する段階

選定した項目を関連付けて具体的な指導内容を設定	ア	イ	ウ	…

図5-1　実態把握から具体的な指導内容を設定するまでの流れの例（流れ図）

出典：文献6)

実態把握の方法は、質問紙法（質問紙やチェックリストなどの活用）、検査法（諸検査の活用）、観察法（行動観察）などがあります。それぞれの方法の特徴を踏まえて、目的に応じた方法を用いて実態把握を行います。また、保護者はもちろん、心理学的な立場、医学的な立場、福祉施設などから、多面的に情報収集することも重要です。

図5-1の②の段階では、収集した情報を整理する3つの観点が示されています。まず、②-1として、学習指導要領に示されている6つの区分に即した整理を行います。実態把握にあたっては、対象の児童生徒の全体像をとらえることが重要であり、そのために、6区分27項目を踏まえた整理を行うことが必要になります。②-2では、収集した情報を学習上又は生活上の困難や、これまでの学習の習得状況の視点から整理します。学習上又は生活上の困難さについては、その困難さの背景要因を検討しておくことが重要になります。そして、②-3では、〇〇年後の姿からの整理を行います。「〇〇年後」は、それぞれの学部卒業時を想定する場合が多くみられますが、将来の生活もイメージしながら、今どのようなことを指導することが必要か、卒業までにどのような力をどこまで育むとよいのかを整理します。

2）指導すべき課題の整理

次に、長期的な視点を踏まえて、現在必要となる課題を整理します。まず、実態把握で整理した情報から課題を抽出します（図5-1の③）。できないことばかりでなく、現在の力でできること、もう少しでできること、援助があればできること、などの観点で整理することが必要です。

現在必要となる課題は、複数の課題が抽出されていることが多いため、課題相互の関連や指導の優先度、重点の置き方などを検討し、③で整理した課題同士がどのように関連しているかを整理して、中心的な課題を導き出します（図5-1の④）。

また、図5-2のように、抽出された課題のキーワードを「原因と結果」、「相互に関連し合う関係」のように関連付けながら検討し、中心的な課題を導き出す方法があります。

このような実態把握から具体的な指導内容を設定する手続きの中で、指導すべき課題を整理することが、目標設定の根拠となります。その上で、個々

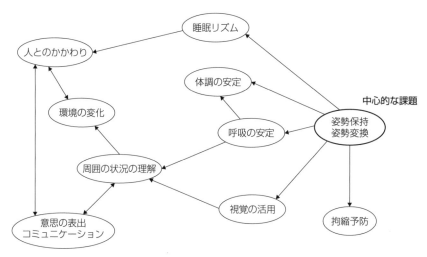

←：原因と結果　⇄：相互に関連し合う関係

図5-2　中心的な課題の抽出

の児童生徒にとって必要な指導を系統的に進めることが大切です。

3）指導目標の設定

指導目標の設定については、指導すべき課題相互の関連を踏まえて、中心的な課題を検討し、指導目標を設定します（図5-1の⑤）。特別支援学校小学部・中学部学習指導要領（第7章第3）では、実態把握に基づき長期的及び短期的な観点から指導の目標を設定することと示されています。目標設定にあたっては、児童生徒の現在の状態に着目するだけでなく、その生育歴の過程の中で、現在に至った原因を明らかにすること、将来の可能性を広い視野から見通した上で、現段階において育成すべき力を明らかにすることが大切になります。

また、短期目標を段階的に達成していくことが、学年等（1年間）のスパンで設定される長期目標を達成することにつながっていくことを意識して、具体的で達成可能な短期目標を設定することが重要になります。

肢体不自由のある児童生徒の場合の指導目標の例としては、「後方からの援助を受けながら座位姿勢を取り、頭部を上げて10秒間保持することができる」、「右手で教材を操作するときに、左手で補助することができる」、「コ

表5-8　具体的な指導内容を設定する際の配慮事項

ア　児童又は生徒が興味をもって主体的に取り組み、成就感を味わうとともに自己を肯定的に捉えることができるような指導内容を取り上げること。 イ　児童又は生徒が、障害による学習上又は生活上の困難を改善・克服しようとする意欲を高めることができるような指導内容を重点的に取り上げること。 ウ　個々の児童又は生徒が、発達の遅れている側面を補うために、発達の進んでいる側面を更に伸ばすような指導内容を取り上げること。 エ　個々の児童又は生徒が、活動しやすいように自ら環境を整えたり、必要に応じて周囲の人に支援を求めたりできるような指導内容を計画的に取り上げること。 オ　個々の児童又は生徒に対し、自己選択・自己決定する機会を設けることによって、思考・判断・表現する力を高めることができるような指導内容を取り上げること。 カ　個々の児童又は生徒が、自立活動における学習の意味を将来の自立や社会参加に必要な資質・能力との関係において理解し、取り組めるような指導内容を取り上げること。

出典：文献4)

ミュニケーションブックのシンボルを指さして、2語文の内容を伝えることができる」ことなどがあげられます。

4) 指導内容の設定

指導内容については、6区分27項目の中から、設定した指導目標を達成するために必要な項目を選定します。そして、それらを関連づけて具体的な指導内容を設定します。具体的な指導内容を設定する際には、特別支援学校小学部・中学部学習指導要領（第7章第3）には以下の点を考慮することが示されています（表5-8）。

自立活動の指導は、自立活動の時間の指導だけではなく、各教科との関連を図ることや、学校の教育活動全体を通じて指導を行う必要があることから、個々の幼児児童生徒に必要な自立活動の指導内容を、どの指導場面で扱うかを検討し、明確にしておくことが必要になります。

(3) 自立活動の評価

自立活動の評価について、特別支援学校教育要領・学習指導要領（第7章第3）「指導計画の作成と内容の取扱い」の中で、「児童又は生徒の学習状況や結果を適切に評価し、個別の指導計画や具体的な指導の改善に生かすよう努めること」と示されています。

各教科の評価は、学習状況を分析的にとらえる観点別学習状況の評価と総

括的にとらえる評定とを、学習指導要領に定める目標に準拠した評価として実施することが明確にされています。自立活動における学習評価は、自立活動の時間を設定した授業の評価を行い、それを含めて、自立活動を含む各教科等を合わせた指導、その他学校の教育活動全体で行われる自立活動の指導を個別の指導計画において総括的にとらえて評価します。すなわち、自立活動の評価は、個別の指導計画に示された個々の目標に照らして、それがどれだけ実現できたかを評価することになります。設定された目標があいまいであると評価が難しくなります。そのため、目標設定の段階で評価の仕方を検討しておくことが重要です。

　作成された個別の指導計画に基づいた実践の過程においては、常に幼児児童生徒の学習状況を評価して指導の改善を図ることが求められます。さらに、評価を踏まえて個別の指導計画を見直して改善を図ることによって、幼児児童生徒にとってより適切な指導が展開されることになります。すなわち、指導と評価の一体化といわれるように、評価を通して指導の改善を図っていきます。このように、個別の指導計画に基づく指導においては、「計画（Plan）－実践（Do）－評価（Check）－改善（Action）」のPDCAサイクルを確立し、適切な指導を進めていくことが重要になります。

④　自立活動の指導の展開

(1) 自立活動の授業時数

　「自立活動」の時間の指導に充てる授業時数については、特別支援学校小学部・中学部学習指導要領において、「児童又は生徒の障害の状態や特性及び心身の発達の段階等に応じて、適切に定めるものとする」と示されています。

　自立活動の指導は、個々の児童生徒が自立を目指し、障害による学習上または生活上の困難を主体的に改善・克服しようとする取組みを促す教育活動であり、個々の児童生徒の障害の状態や特性及び心身の発達などに即して指導を行うものです。したがって、自立活動の時間に充てる授業時数も、個々の児童生徒の障害の状態などに応じて適切に設定される必要があります。こ

のため、各学年における自立活動に充てる授業時数については、一律に授業時数の標準としては示さず、各学校が実態に応じた適切な指導を行うことができるようになっています。ただし、授業時数を標準として示さないからといって、自立活動の時間を確保しなくてもよいということではありません。

　従前の「養護・訓練」に充てる授業時数は、年間105単位時間（高等部においては週3単位時間）が標準とされていましたが、障害の重度・重複化、多様化などを踏まえ、個々の幼児児童生徒の実態に応じて、標準より多く設定する必要が生じてきました。知的障害者である幼児児童生徒の場合も含めて、個々の児童生徒の実態に応じて、自立活動の指導を行うための適切な授業時数を確保することが必要になります。

(2) 指導形態

　自立活動の指導にあたっては、個々の幼児児童生徒の実態に即した個別の指導計画を作成することとなっていますので、指導形態も個別指導が基本となります。しかし、実際の指導に当たっては、指導内容や学校の実情などを考慮し、さまざまな指導形態を工夫しながら指導を行うことになります。もちろん集団で指導を行うことも考えられますが、最初から集団で行うことを前提にしているものではないということを留意する必要があります。

(3) 自立活動の指導体制

　特別支援学校小学部・中学部学習指導要領（第7章第3）において、「自立活動の指導は、専門的な知識や技能を有する教師を中心として、全教師の協力の下に効果的に行われるようにするものとする」ことが示されています。さらに、「自立活動の指導は、専門的な知識や技能を有する教師を中心として全教師の協力の下に一人ひとりの幼児児童生徒について個別の指導計画を作成し、実際の指導に当たることが必要である。ここでいう専門的な知識や技能を有する教師とは、特別支援学校の教師の免許状や自立活動を担当する教師の免許状を所有する者をはじめとして、さまざまな現職研修や自己研修等によって専門性を高め、校内で自立活動の指導的役割を果たしている教師を含めて広く捉えている」としています。そして、「自立活動の指導におい

て中心となる教師は、学校における自立活動の指導の研修全体計画等の作成に際し、担任や専科の教師、養護教諭、栄養教諭等を含めた全教師の要としての役割を果たすこと」が求められています。

　学校によって指導体制はさまざまですが、自立活動の専任の教員を配置したり、校務分掌として自立活動部を位置付けたりして、指導や研修などの充実を図っている学校があります。各学校においては、自立活動の指導の専門性向上を図るための取組みについて、校内体制を含めて検討することが必要です。

(4) 外部専門家などとの連携協力

　特別支援学校小学部・中学部学習指導要領（第7章第3）において、「児童又は生徒の障害の状態などにより、必要に応じて、専門の医師及びその他の専門家の指導・助言を求めるなどして、適切な指導ができるようにするものとする」と示されています。このことは、自立活動の個別の指導計画の作成や実際の指導に当たって、肢体不自由の場合には、専門の医師をはじめ、理学療法士、作業療法士、言語聴覚士、心理学や教育学の専門家など外部の各分野の専門家と連携協力し、必要に応じて指導・助言を求めたり、連携を密にしたりすることなどを意味しています。

　幼児児童生徒の障害の状態や発達の段階などは多様であり、その実態の的確な把握に基づいた指導が必要とされ、教師以外の外部の専門家の指導・助言を得ることが必要な場合があります。外部の専門家との連携を進めるためには、校内の教員と外部の専門家との連絡調整を担当する人が必要です。分掌などにきちんと位置付け、組織として対応できるようにしておきます。

　自立活動の指導は、教育活動として展開されるものですから、連携に当たっては、自立活動の指導を外部の専門家にゆだねてしまうことのないよう、外部の専門家の助言や知見などを指導に生かすという考え方で取り組むことが大事になります。

　また、自立活動の指導の成果が進学先でも生かされるように、個別の教育支援計画などを活用して関係機関との連携を図ることも大切です。

引用・参考文献 ────────────────────────────────

1）文部省（1963）「養護学校小学部学習指導要領肢体不自由教育編」

2）文部省（1987）「肢体不自由教育における養護・訓練の手引」日本肢体不自由児協会。

3）文部省（1971）「養護学校（肢体不自由教育）小学部・中学部学習指導要領」。https://erid.nier.go.jp/files/COFS/s45sejp/index.htm（2022年12月8日最終閲覧）

4）文部科学省（2017）「特別支援学校幼稚部教育要領」。https://erid.nier.go.jp/files/COFS/h29sk/index.htm、「小学部・中学部学習指導要領」。https://erid.nier.go.jp/files/COFS/h29sej/index.htm（2022年12月8日最終閲覧）

5）文部科学省（2018）『特別支援学校教育要領・学習指導要領解説総則編（幼稚部・小学部・中学部）』。https://www.mext.go.jp/component/a_menu/education/micro_detail/__icsFiles/afieldfile/2019/02/04/1399950_3.pdf（2022年12月8日最終閲覧）

6）文部科学省（2018）「特別支援学校教育要領・学習指導要領解説自立活動編（幼稚部・小学部・中学部）」。https://www.mext.go.jp/component/a_menu/education/micro_detail/__icsFiles/afieldfile/2019/02/04/1399950_5.pdf（2022年12月8日最終閲覧）

（吉川知夫）

第6章

自立活動の指導の実際

　自立活動の指導は、個々の児童生徒の実態を把握してから指導すべき課題を明確にし、指導目標や指導内容を設定します。ここでは、3つの事例を通じてその実際について学びます。事例1では、カード整理法を活用した実態把握の方法と授業づくりについて学びます。事例2では、各教科の指導と自立活動の指導を関連づけて行うことについて学びます。事例3では、学習指導要領に示されている自立活動の内容（6区分27項目）を関連づけて行うことについて学びます。

① 〈事例1〉カード整理法を活用した実態把握と授業づくり

　教科指導の個別の指導計画は日々の授業に生かすことが重要ですが、その作成手続きを国が示しておらず、学校の創意工夫に基づいて作成されています。他方、自立活動の個別の指導計画については、特別支援学校学習指導要領解説自立活動編に、実態把握から指導すべき課題を明確にして、指導目標・指導内容を設定する手続きが例示されています[1]。本事例では、情報の収束技法であるKJ法を参考にしたカード整理法によって、行動観察で得られた情報を整理・構造化して、障害による学習上及び生活上の困難の背景にある要因を分析しながら取り組んだ自立活動の実践を紹介します。

（1）対象生徒Aの実態

　生徒Aは高等部の特別支援学校（知的障害）の各教科を中心とした教育課程で学ぶ生徒です。実態をみてみると、言語を媒介とした簡単なコミュニ

表6-1　対象生徒Aの学習や生活場面の主な様子

・発音の不明瞭。
・2語文程度の会話。
・変形や拘縮が進んできている（左肘・股関節）。
・○△□の弁別がわかる。
・形の大小はわかる。
・ひらがな51音は読めるが「き」と「さ」を読み間違える。
・濁音の文字を含んだ単語選択を間違える。
・数唱は言える。
・縦横に一列に並んだ物は数えられる。
・ランダムに並んだ状態の物だと同じ物を数えたりして正確に数えるのが難しい。
・予定の確認が多い。
・スタートの合図のピストル音が怖く、陸上競技大会の競技場内に入って応援することを嫌がる。
・不在の教員の動静が気になる。
・教材や食器具を意図的に落としたりして、教員に注意されることを繰り返す。

ケーションは可能であったり、形の弁別やひらがなが読めたり、数唱ができたりする一方で、字形の似たひらがなを読み間違えたり、大きな音を嫌がったり、教員の気を引く行動をとるなど、表6-1に示すような様子でした。

　これらの実態についてすべてを取り上げて指導することは、学校の授業時数が年間で決まっていることから現実的に難しく、また自立活動の理念とも異なります。障害による学習上・生活上の困難から指導すべき課題を抽出し、指導目標や指導内容を設定するためには、これらの実態の背景にある要因を明確にする作業が必要であり、その作業を以下のように行いました。

(2) 実態把握の方法と手順
　行動観察や保護者との面談で得られた情報は沢山あります。また複数の教員が指導に関わることから児童生徒に関する情報は関係する教員が分有しています。これらの情報を、頭の中だけで整理して共有することは困難です。そのため、児童生徒の様子を付箋に書き出し、似たような情報を収束させながら情報間の関係性を明確にして児童生徒の全体像を可視化していきます。

表6-2　付箋の記入例

> 「音楽が流れるとうれしそうにしている」
> ＊これは客観的な表現とは言えません。何をもって「うれしそう」と判断していたのでしょう。
> 本人に確認したのでしょうか。子どもによっては、心理的に不安になると笑って逃避したり、
> てんかん発作のときに笑っているような様子になったりする子どももいます。この作業におい
> ては、極力主観的な表現は避け、書かれた文を読んだときに子どもの様子が思い浮かぶような
> 表現を心がけます。
> 客観的な表現例：「●●の曲が流れると笑いながら手を叩いている」

この作業は、担当者一人で行うことも可能ですが、指導に関係する複数の教員が参画して行うことで、対象の児童生徒の共通理解にもつながります。

　対象生徒Aの全体像を把握しながら、障害による学習上及び生活上の困難の背景にある要因と指導すべき課題を明確にするために、ステップ1からステップ5までに取り組みました。

①ステップ1：収集した情報を付箋に書く

　学校での学習や生活場面で、「あれ？　おや？」と思ったこと、気がついたことを付箋に書き出します。面談などで保護者から得た情報や生徒Aの指導に携わる教員から得た情報も取り入れます。

　1枚の付箋に1つの事柄を書き出します。事実に基づいて背景にある要因を探るため、この付箋に書き出す時点では、主観的な情報は盛り込まず、客観的な表現を心がけます。また、書き出した文を読んだときに、その生徒の様子がイメージできるような表現を心がけます（表6-2）。

②ステップ2：付箋の内容を見ながら情報を収束させていく

　ステップ1で挙がった付箋は枚数が多く、書かれた1枚1枚の関係性を検討することは難しさが生じます。そこで、書き出した付箋を並べながら、内容が似ているもの同士を集めて分類・収束していきます。この仲間分けした付箋の集まりを「島」と表現します。

　内容が類似せず、どこにも分類できない付箋も出てくることがあります。無理に分類せず、単独で残しておいてもかまいません。

③ステップ3：島ごとに表札をつける

　仲間分けした付箋は、島ごとに重ねて収束させます。そのため、新しい付箋（ステップ1の付箋とは異なる色の付箋）にどのような内容の集まりの島か

わかるように、書き出します。ここでは「表札」と表現します。

　この後のステップ4・5で、島同士の関係性を検討するときは、島ごとの表札に着目して検討します。表札を単語で表すと、どのような内容が集まった島かわかりにくくなります。そのため表札は、収束された付箋の内容を要約した文（タイトル）や代表的な様子を表した文などで表現していきます。

④ステップ4：島ごとにつけた表札を見て内容が似ている島同士で収束させる

　島ごとにつけた表札に着目して、さらに同じような内容の島があれば、ステップ2・3と同じ作業を繰り返し、収束作業を続けます。この段階の表札は、ステップ1・3のときとは異なる色の付箋を用います。タイトルをつける際の留意事項は、ステップ3と同じです。

⑤ステップ5：島同士の関係性を検討する

　島ごとの表札を見ながら矢印や線などで島同士の関係性を表現して完成です。

　矢印や線は「関係あり」という意味で表したり、「しかし」などの相反する関係性を表す線を設けたりします。

　この手続きで整理された生徒Aの実態像は、図6-1のようになりました。

(3) 課題の抽出と指導目標・内容の設定

　生徒Aの矢印の方向に着目したときに、「情報を整理できず日常生活で落ち着かないことがある」に集まっていることがわかります。普段の指導場面において、「落ち着きましょう」「静かにしましょう」と口頭で伝えていたのですが、その様子を改善することは難しかったのです。また対症療法的な指導にならないようにするために、作成した実態把握図から、生徒Aの学習や生活場面の困難の背後にある要因を分析することにしました。

　その要因を考えると、さまざまなことが関係し合っていることが見えてきました。生徒Aの場合、「目でとらえる力が弱い」ため視覚的な情報の処理がうまくできない、「聴覚過敏がある」ため日常生活でも大きな音や周囲から聞こえてくる物音が気になり学習の集中が途切れやすいのではないかと考えられました。また、語彙が少なく自分の思いをうまく伝えきれないことや、

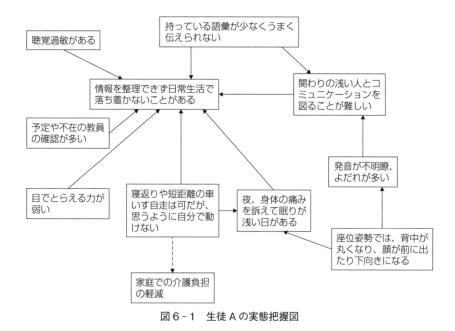

図6−1　生徒Aの実態把握図

身体の動きや姿勢と関連し発音も不明瞭で、日頃から生徒Aとコミュニケーションをとっていない人では聞き取りにくい言葉もあり、相手に自分の思いがうまく伝わらないことがストレスとなり、落ち着かない行動に結びついていると分析しました。

　そして、高等部段階であることから、身長が伸びたり体重が増加したりするなど、身体バランスも変わる時期であり、変形や拘縮も見られたことから、痛みや自己の身体をコントロールしきれない本人の思いが落ち着かない行動に表れていると分析しました。さらに、先の見通しがもてないことへの不安が強く、予定の確認や不在の教員の確認などが頻繁にあることも生徒Aの特徴的な様子であり、日常生活で落ち着かない要因でもあると考えました。

　実態把握図（図6−1）から、生徒Aの全体像をとらえて課題を抽出した後に、生徒Aの長期の指導目標を考えました。生徒Aがいろいろな人とコミュニケーションをとりつつ、より主体的に行動して落ち着いて生活していくために必要な力を培っていけるように、限られた授業時数と指導体制を考えな

表6-3　生徒Aの自立活動の指導における長期目標

〈長期目標〉
・主体的に身体を動かして心身の健康を保持し、より充実した生活を送る。
・明瞭な発音でコミュニケーションを図り、より多くの人と人間関係を築く。
・周囲の状況を把握しながら、自己をコントロールして落ち着いて過ごす。

表6-4　生徒Aの自立活動の個別の指導計画の指導目標（短期目標）

①変形、拘縮を予防しながら身体の動かし方を学習し、日常生活の向上を図る。
②目でとらえる力を高めながら認知や行動の手がかりとなる概念を形成し、より主体的に行動する力を高める
③自分の気持ちをコントロールする力を高め、落ち着いて学校生活を過ごす。
④生活や活動の流れに見通しを持ち、活動に集中して取り組める時間を伸ばす。
⑤友だちや教員との関わりを通じて、言葉を中心としたコミュニケーションスキルを高める。

　がら、高等部卒業までの3年間の指導目標を長期目標として立てました（表6-3）。

　さらに、長期目標の達成を目指した1年間をスパンとして、個別の指導計画の指導目標（短期目標）を設定しました（表6-4）。

　そして、指導目標を踏まえ、指導内容の関連を特別支援学校学習指導要領に示されている内容と照らし合わせながら図6-2のように整理しました。

（4）指導の実際

1）姿勢や運動動作に関する指導（指導目標①③に焦点を当てた指導）

　肢体不自由のある児童生徒は特性から、姿勢の保持や運動・動作に困難さがあることは言うまでもありません。だからといって、自立活動の指導で「身体の動き」のみを取り扱うという発想は、自立活動の理念と相反します。

　生徒Aのあぐら座位姿勢は図6-3に示すものです。車いすのベルトなどの支えがない状態では、重心移動をしながら座位姿勢を保持し続けることや、寝返りなどの姿勢変換をすることも難しい状況です。そのため、同じ姿勢で過ごすことが長くなると身体のあちこちが痛くなり、学習への集中力も続かなくなります。背中が丸くなり顎を前に出して肩や首回りに過度な力が入っているため、滑らかに口や舌を動かすことが難しくなり、発音も不明瞭になります。そこで、身体の各部位に入っている過度な力を抜くリラクセーションに取り組むことにしました。

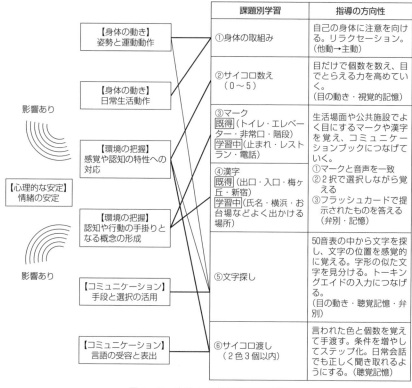

	課題別学習	指導の方向性
【身体の動き】姿勢と運動動作	①身体の取組み	自己の身体に注意を向ける。リラクセーション。（他動→主動）
【身体の動き】日常生活動作	②サイコロ数え（0～5）	目だけで個数を数え、目でとらえる力を高めていく。（目の動き・視覚的記憶）
【環境の把握】感覚や認知の特性への対応	③マーク　既得（トイレ・エレベーター・非常口・階段）　学習中（止まれ・レストラン・電話）	生活場面や公共施設でよく目にするマークや漢字を覚え、コミュニケーションブックにつなげていく。
【環境の把握】認知や行動の手掛りとなる概念の形成	④漢字　既得（出口・入口・梅ヶ丘・新宿）　学習中（氏名・横浜・お台場などよく出かける場所）	①マークと音声を一致　②2択で選択しながら覚える　③フラッシュカードで提示されたものを答える（弁別・記憶）
【コミュニケーション】手段と選択の活用	⑤文字探し	50音表の中から文字を探し、文字の位置を感覚的に覚える。字形の似た文字を見分ける。トーキングエイドの入力につなげる。（目の動き・聴覚記憶・弁別）
【コミュニケーション】言語の受容と表出	⑥サイコロ渡し（2色3個以内）	言われた色と個数を覚えて手渡す。条件を増やしてステップ化。日常会話でも正しく聞き取れるようにする。（聴覚記憶）

影響あり

【心理的な安定】情緒の安定

影響あり

図6-2　生徒Aの指導内容の関連

また上肢のまひが強いことから、両手で車いすをこいで自分で移動することが困難でした。しかし、特殊な歩行器に乗ると自分で移動することが可能でした。そこで、教師の援助を受け入れながら身体を緩める方法のほかに、歩行という動作の中で、主体的に自己の身体を動かしながら、能動的に自己の身体に働きかけて、身体をゆるめることもねらいました。

中学部段階でも取り組んできた学習活動

図6-3　生徒Aのあぐら座位姿勢
イラスト：中尾悠

ではありましたが、日によって歩行に対する意欲が異なること、装着に時間を要するということが、中学部から高等部への教師へと引き継がれていました。生徒Aの身体の状態を改めて見てみると、歩行器を装着するときに身体がゆるんでいないとうまく装着できないこともありました。また本人の身体の動かし方を尊重しながら、本人が身体をより動かしやすくなるようにするために、どこの身体部位がよりゆるむと歩きやすくなるかを分析しました。その際、一般的な歩行動作を手がかりに、身体部位がどのように関連して動いているか分析しました。その結果、生徒Aは踏みしめるときに胸を突き出すようにしながら背中を反らせるような特徴的な動作パターンがあり、背中や肩回りが硬いままだとその反りの動きができないため、歩きたくても歩けないということがわかりました。

また足裏でグッと床を踏みしめるためには、足首、膝、股関節の柔軟さがあると、歩行器での歩行もしやすくなると判断しました。そのため、足首、股関節、腰、背中、肩回りに入っている過度な力を抜いて身体をほぐしてから歩行器に乗って移動するようにしました。自分で校内の行きたい場所に歩行器を使って歩いて行くという主体的な学習内容を盛り込むことで、本人の意欲も高めていきました。

この身体のリラクセーションは毎日短時間取り組むようにし、歩行器を使用した学習については時間を要することから週2単位時間（1単位時間＝50分）設定されている自立活動の時間の指導で取り組みました。

本人も意欲的に歩く姿が見られるようになり、体育の授業でもこの歩行器を使って取り組む単元もありました。また体育祭のリレーにも、この歩行器を使って参加することができました。

2) 視覚的な情報処理に関する指導（指導目標②③④⑤に焦点を当てた指導）

生徒Aの実態にもあったように、視覚的な情報の処理に困難があり、学習場面で提示されるものや生活場面の情報なども正しく把握していないと考えました。

そこで、サイコロ状のブロックをランダムに置き、目だけで数えて個数を当てる取り組みをしました。正解を確かめるときは、生徒Aが自分でサイコロをタッチしながら確認するようにして、サイコロに視線を向けて数えて

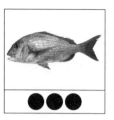

図6-4　生徒Ａの指導に用いた教材・教具の一例

　いるか、一度タッチしたサイコロを繰り返しタッチしていないかなどを確認していきました。

　またコミュニケーションについては、語彙を増やす学習などを国語の授業でも行いました。また、不明瞭な発音を補うために、将来、「トーキングエイド」（携帯用会話補助装置）などを部分的に活用することも考えられました。「き」と「さ」など似たような文字を読み間違えたりすることから、文字盤などの文字を正しく読みとることができる力を高める指導をしました。どこに注意して見ればよいか図6-4のように似た字形を用意し、色を部分的に変えて確認していきます。そしてさらに見分ける力を引き出すために、写真のものや人名の表記が正しいものを選ぶ活動を用いて学習してみました。

　また相手の話したことを聞き取って、対応する力を高めることをねらった指導をしました。視覚的な情報は、自分が意図をもって注意を向けないと入っていきませんが、聴覚的な情報（音）は身体を向けるなど自分から注意を向けなくても聞くことができます。そこで自分に必要な音（情報）を聞き分けることが重要であることから、相手の話に注意を向ける力を引き出すために、複数の色のサイコロ状のブロックをランダムに置いて、教師が言葉で提示した色と個数のサイコロを選んで渡す、といった取組みをしました。この取組みでは、教師の提示する言葉に注意を向けるほかに、言われた内容を記憶することも必要になります。最初は「サイコロを●個ください」から始まり、「●色のサイコロを●個ください」「●色のサイコロ●個と■色のサイコロを■個ください」など情報を少しずつ増やしていきました。

この取組みは、週の時間割で毎朝20分程度設定されている自立活動の時間に行いました。この学習において、生徒Aも自分で注意を向けながらカードを選択したり、聞き取ったりする様子が見られ、正答も増えていきました。中学部からは、自立活動の個別指導場面における生徒Aの集中力が続かないことや学習意欲が低いことなどが引き継がれていました。高等部入学段階であらためて行った実態把握に基づいて、個別の指導計画を作成しました。そして、生徒Aの学習上・生活上の困難の背景を把握しながら、指導上外してはいけないポイントを確認しつつ、指導目標や指導内容を設定していくことができました。まずは、生徒Aのできるところから始めて段階的に援助量を減らしていったり、条件を複雑にしていったりすることで、少しずつ自分が取り組むべきことがわかり、本人も"できた"という達成感を感じることが意欲の向上につながり、"毎日取り組みたい"と申し出るようになってきました。この事例を通じ、学習がうまく進まないと思うときには、あらためて子どもの全体像をとらえ直して、自己の指導を振り返ることの重要性と、自己ができる・できたと実感できる程度の学習内容の設定が施されるよう、授業改善に取り組むことの大切さについて、実践を通じ学びました。

② 〈事例2〉自立活動の指導と各教科の指導の関連

　特別支援学校学習指導要領を見てみると、自立活動の指導は、時間における指導はもとより、学校の教育活動全体を通じて適切に行うこと、各教科、道徳科、外国語活動、総合的な学習の時間及び特別活動と密接な関連を保つよう示されています。各教科の指導場面の教師は、各教科の指導目標の達成に向けて鋭意取り組みます。その際、各教科の指導目標を逸脱して、自立活動の指導を行うことはできません（学校教育法施行規則第130条第2項の規定に基づいて各教科などを合わせた指導を行うことができるのは、知的障害のある児童生徒または重複障害の場合のみです）。本事例では、準ずる教育課程で学ぶ児童の自立活動の指導と各教科の指導の関連について紹介します。

（1）対象児童Bの実態

　対象児童Bは、小学部第5学年に準ずる教育課程で学習する脳性まひの児童です。上肢にまひはなく、書字や食事などは自立しています。移動面では下肢にまひがあり、短い距離であればクラッチ歩行は可能ですが、日常生活は車いすで過ごし、学習場面は座位保持装置に座り直していました。児童Bの実態は、授業中の姿勢が崩れていても気がつかない、文字の書き間違えがある、音読のときは読む部分を指でなぞりながら読んでいるなどの実態があり、表6-5に示すような様子でした。

表6-5　児童Bの学習や生活場面の主な様子

・授業中の座位姿勢が崩れていても気がつかず、無理な姿勢で学習している。
・文字の書き間違えや字形の崩れがある。
・数字の「8」は雪だるまを描くように○を上下に重ねて書くときがある。
・失敗することへの不安が強い。
・教室のカーテンなどが風で揺れることを気にする。
・授業中に友達の発言に過敏に反応することがある。
・書字活動や作文などの活動が苦手である。
・教科書を読むときは、読み飛ばす時があり、自分の指で行をなぞりながら読んでいる。
・作文などで書きたい事柄を整理することを苦手としている。

（2）課題の抽出と自立活動の指導目標・内容の設定

　ここでの実態把握の方法の紹介は省きますが、事例1で紹介したようなカード整理法を参考にした方法で行いました。児童Bの全体像は図6-5のようになりました。

　児童Bは、失敗に不安を感じて気持ちを切り替えられず、手順や状況を確認することで落ち着く様子が見られました。その背景として、視覚的・聴覚的な情報が複数あるととらえにくく、入ってきた刺激に対してすぐに反応してしまい、一瞬立ち止まって状況を確認することが難しいため、学習場面での言い間違えや書き間違えにつながっていると考えました。また学習時の姿勢が崩れていても本人がそれに気がつかず、書字を苦手としていることから、書字の少ない学習の方が集中できるという実態が見受けられました。

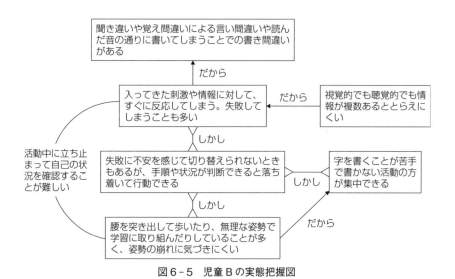

聞き違いや覚え間違いによる言い間違いや読んだ音の通りに書いてしまうことでの書き間違いがある

だから

入ってきた刺激や情報に対して、すぐに反応してしまう。失敗してしまうことも多い	← だから ←	視覚的でも聴覚的でも情報が複数あるととらえにくい

活動中に立ち止まって自己の状況を確認することが難しい

しかし

失敗に不安を感じて切り替えられないときもあるが、手順や状況が判断できると落ち着いて行動できる	→ しかし →	字を書くことが苦手で書かない活動の方が集中できる

しかし

腰を突き出して歩いたり、無理な姿勢で学習に取り組んだりしていることが多く、姿勢の崩れに気づきにくい	だから

図6-5　児童Bの実態把握図

(3) 自立活動の時間における指導

　児童Bの困難の背景として、座位姿勢の安定、視覚的な情報の処理の困難さを補うスキルの獲得が中心的な課題としてあがり、自立活動の指導として次の2点について取り組むことにしました。

1) 座位姿勢の安定を図るための身体の動きに関する指導

　いすに座っているときは、徐々に身体が傾いたりしていました。一般的ないす座位のときの身体の動きは、お尻と両足の裏で身体を支えて座ります。また書字場面の姿勢では、腰を動かしながら上半身を前傾させたり、左右の重心移動をしたりしながら姿勢を保って活動に取り組んでいます。あらためて児童Bの身体の動かし方を分析するために、あぐら座位姿勢で腰の動きに着目しました。背中をまっすぐに伸ばして座ることを求めると、腰が起ききらず胸回りに力を入れて背中をまっすぐにしようとしていました。左右の重心移動をとらせてみると、腰が動かず脇腹から左右に上半身を倒してクネクネ動かしていました。このことから腰の動きがポイントであり、さらに分析的に見てみると、腰回りの硬さのほかに股間節の硬さもあることがわかりました。

　そこで、腰の動きを阻害する股間節や腰回りの筋緊張をまずゆるめてから、

あぐら座位や膝立ち姿勢で腰の動かし方を学習することにしました。

腰の動かし方の評価としては、腰を起こすときに胸を突き出すようにしないで動かしているか、左右の重心移動のときには、脇腹から傾けるのではなく、腰から上半身が動いて左右に重心が移動しているかをチェックポイントとしました。動かし方の指導をしながら細かな部分もリアルタイムにチェックをするのは難しいため、正面と側方が映るようにビデオカメラをセットして定期的に記録をとりながら評価を行うようにしました（カメラが2台用意できれば同時撮影も可能ですが、1台しかない場合は児童生徒またはカメラの向きを変えて撮影します）。

指導を続けるなかで、少しずつ自分の身体の状態を確認するようにゆっくり動かす様子も見られてきました。腰に教師が手を触れながら「背中を伸ばしてごらん」という働きかけに対しても、自己の身体に注意を向けて姿勢を保持するようになってきました。

2）視覚的な情報処理に関する指導

目と手の協応動作を高めるために、ビーズ通しやドミノ倒しを設定しました。目で手元を見ながら手の操作することで、ビーズを通す量も増えました。またドミノ倒しでは、ただ牌を並べるのではなく、親指・人差し指・中指でつまむ動作、等間隔に牌を並べることに意識をさせて取り組みました。最初は将棋盤の升目に沿って並べていましたが、目印がなくても等間隔で牌を並べることによってドミノ倒しの成功も増えてきました。

またアルファベットを書く活動を通じ、字形を整えるための位置取りを学習しました。国語の書き取りで用いるような四分割された枠を用いて書くことに取り組みました。始点や終点をどこに置けばよいかを意識させ、曲線や斜め線はどのあたりを通れば字形が崩れないバランスのよい字になるかなどを四分割された枠を手がかりに、教師と一緒に確認しながら取り組んでいきました。

（4）「自立活動の時間における指導」を踏まえた各教科の指導の 手立て・配慮

児童Bは、「学習姿勢が崩れやすい」「視覚的な情報の処理の困難さ」「複

数の情報を整理することが苦手」「書字が苦手」などの実態があることを踏まえ、ここでは「自立活動の時間における指導」と国語科の指導との関連に焦点を当てて実践を紹介します。

国語科の授業で手紙を書く単元がありました。手紙の単元では、書きたいことは思い浮かぶものの、頭の中で整理しながら書くことが難しく、教師が聞き取りながら文を組み立てるといった補助をしすぎると、本人の達成感が低くなるとともに、教科の目標達成にもつながらないことが予想されました。また書字に対して苦手意識のある児童Bにとっては、字形を整えながら文を構成する作業も負担になると考えました。そこで児童Bの障害特性や自立活動の指導状況を踏まえながら、次のような手立てや配慮を行いました。

自立活動の時間における指導では、腰の動きを引き出す学習を継続的に行っていました。教科指導場面での姿勢の保持については、「姿勢はどう？」と声をかけて自己の姿勢の状態に意識を向けさせたり、いす座位姿勢を整えるときは両足を床につけて一度軽くお尻を浮かせて座り直すように声をかけたりしました。またノートが傾いているときは、ノートの向きを変えたり、机上を整理するように注意を促したりしながら取り組みました。

認知面を考慮した手立てとしては、頭の中だけで手紙の内容や順番を整理することは難しいと予測されたので、書きたい事柄をメモに書き出し、そのメモを並べ替えながら手紙の内容構成を考えることにしました。また書字や作文などを書くことに苦手意識があること、他者から誤りを指摘されることを嫌がることが予想されたので、誤字などを教師が指摘して直すのではなく、児童B自身が細部にわたって見直す力を育むことにしました。見直しのポイントを指導した上で、下書き・見直し・清書の活動において、時間をかけて取り組めるように指導時間を設定しました。

このような手立てを講じることで、児童Bが自分で文を組み立てて、意欲的に書き上げることができました。またこの手立ては、行事の作文などを書くときも用いていきました。

③　〈事例3〉6区分27項目を関連づけた指導の実際

　肢体不自由児の障害特性から、姿勢や運動・動作の不自由さに着目することは欠かせません。かといって、肢体不自由だから身体の動きに注目するという発想で指導を展開することは適切とはいえません。肢体不自由児の姿勢や運動・動作を身体の動きだけの問題ととらえるのではなく、コミュニケーションの素地となる力や心理的な安定を図るための力にも関連する点を踏まえることが大切です。本事例では、その考え方に基づいて、特別支援学校学習指導要領に示されている自立活動の6区分27項目の内容を関連づけて行った実践を紹介します。

(1) 対象児童Cの実態と指導目標・内容

　対象児童Cは、自立活動を主とする教育課程で学ぶ児童です。発声はありますが、言語でのコミュニケーションは難しい段階でした。室内を四つ這いで移動したり、つかまり立ち姿勢をとったりすることは可能でした。椅子座位の姿勢を保持することも可能でしたが、授業中に一人であぐら座位姿勢をとりつづけて活動に取り組むことは難しい状況でした。そして、自分の感情をうまく伝えることが難しく、イライラしてくると自分の頭を手で叩くなどの行為が見られました。

　あぐら座位の姿勢を見てみると、腰を滑らかに動かして姿勢を保持することが苦手な様子でした。また注意の持続が短く、教材を媒介にして教師とのやりとりが長く続かない実態が見受けられました。落ち着かない様子が見られたときは、その場を離れて気分転換を図るなどの対応がとられていました。

　そのため、児童Cの中心的な課題として、安定した座位姿勢を保持するための身体の動かし方を身につけること、自己の感情をコントロールする力を高めること、コミュニケーションの素地である共同注意を高めることが、指導目標として設定されました。

(2) 身体の動きとコミュニケーションを関連づけた指導

　一般的に座位姿勢で活動するときは、事例2の中でも確認したとおり、腰の動きと重心移動がポイントになります。児童Cの様子から、あぐら座位では腰を意図的に動かすこと、腰を起こした姿勢を保持し続けることが難しく、一瞬腰が起こせたかと思うと一気に力が抜けてしまい、ゆっくり腰を起こしたり後傾させたり、途中で止めたりするような滑らかな腰の動きが出てこない状況でした。左右の重心移動では、身体を傾けて片方のお尻が浮いてしまう様子が見て取れました。また自己の身体に注意を向けながらゆっくり動かすことが難しく、教師が誘導する動きをなかなか受け入れられない様子や、身体のどこかを常に動かしたりしてじっとした姿勢を保持することを苦手とする様子が見られました。

　そこでまず、教師が児童Cの身体に触れて一緒に身体の動かし方の学習を受け入れられるようにするために、児童C自身の受け入れられる姿勢と身体部位を探りました。図6-6のようにお互いの顔が見えるように側方から関わりつつ安心感を与えながらやりとりするようにしました。そして、児童Cが胸や肩に入っている力を抜いて教師の身体に身を委ねるようにやりとりしながら、臥位姿勢（床に寝た姿勢）をとれるようにしていきました。はじめは、児童Cも数秒で臥位姿勢から身体を起こして戻ろうとしていました。本人が戻ろうとしたときは無理強いせずに一旦戻り、一息ついてから再度やりとりを繰り返しました。すると、徐々に力を抜いて教師に身を委ねる間隔が長くなってきました。

　この学習では、児童Cが「力を抜く→身体を教師に預ける・委ねる」を行う中で、児童Cの身体の動きに教師と児童Cが一緒に注意を向けてやりとりをしていきます。これはコミュニケーションの基礎でもある共同注意を高める学習と位置づけました。

　"力を抜くと心地よい"と感じられるような関わり方を心がけ、教師が他動的に動かすのではなく、教師が提示

図6-6　児童Cとの取組みの一例
イラスト：中尾悠

した動きに応じて児童Cが動かすのを待つようにしました。その結果、徐々に臥位姿勢になることも受け入れはじめ、腕を上げ下げする動作では、自己の手の動きを見たり、身体がゆるんでくるとジーッと一点を見つめながらそのゆるんだ身体の状態を受け入れたりするなど、注意を向けて取り組んでいる様子が見られてきました。これも、言語を媒介としたコミュニケーションではありませんが、児童Cに触れている教師が手で動きを伝えて、児童Cもその意図を感じ取りながらやりとりをするノンバーバルコミュニケーションであり、授業を繰り返していくなかでそのやりとりが確かなものへと変容していきました。

(3) 身体の動きと心理的な安定を関連づけた指導

　教室の集団授業場面では、あぐら座位で取り組む場面も取り入れながら授業を行っていました。この時点では、一人であぐら座位を続けることは難しく、教師がそばについて、腰を支えながら取り組みました。しかし、注意がそれやすく、イライラしてくると泣いたり、自分の身体を手で叩いてその感情を表したりして、エスカレートすると授業が中断してしまうときもありました。

　日本語には、「肩が軽くなる、肩を落とす、肩をいからす」など、感情を表す表現に肩を用いた慣用句が多いように、感情の表れる身体部位として肩があげられます[2]。児童Cが落ち着かない状況になったときに身体の様子を見ると、身体がソワソワ動きだし、肩や胸回りに過度な力が入っていました。

　集団授業において、児童が授業に集中できないときは、授業の展開や内容、教材・教具などが児童の実態に適応しているのかも振り返りながら授業改善に努めることは言うまでもありません。それとあわせて、教師の手だてや配慮が適切だったかなど自立活動の時間の指導の経過も踏まえ、児童Cの指導に携わる複数の教師とも状況を確認し、集団授業場面の関わり方について検討しました。授業場面において、腰を前後左右にコントロールしながら自己の身体を調整して授業に取り組むことは、同時に複数の取組みを求めることでもあります。児童Cの腰の動きの状況をみると、現段階ではあぐら座位で授業に臨むことは難しく、授業に集中できないと考えました。そのため、

あぐら座位ではなく、少しゆったりとした姿勢で行えるクッションチェアや車いすなどに座って取り組むように変更したところ、提示したものを注視したり、追視する様子もみられるようになりました。

　さらに、自立活動の時間における指導場面では、自己の身体に注意を向けて教師が誘導する方向に身体を動かして力を抜く様子が見られるようになっていることを共有しました。集団授業場面においては、落ち着かない様子になってきたと判断したときは、教師が対象児童の肩にそっと手を当てて、自立活動の時間の指導のときと同じように過度に入ってきた力を抜くように教師が手の平で伝えて、力を抜いてリラックスすることを促しながら、授業に注意を向け直す関わり方も手立ての一つとして取り入れていきました。集中が途切れやすい児童Cでしたが、教師たちとのやりとりを積み重ねていきながら、授業中に気持ちが不安定になってきたときでも気持ちを切り替える様子も多くなり、主体的・意欲的に授業に取り組みながら自己の力を発揮する場面も増えていきました。

＊　　＊

　障害のある子どもは障害の状態や発達段階が一人ひとり異なるため、自立活動の指導ではあらかじめ何をどのような順で指導するのかを明示することはできません。したがって、実態把握から指導目標及び指導内容を設定して、個別の指導計画を作成しながら授業をデザインしていきます。授業は何を（what）、どう（how）教えるかの実施段階に関心が集まりますが、自立活動については、なぜこの指導なのか（why）を授業のデザイン機能に基づいて明確にし、授業の実施につなげることに意義を見出すことができます[3]。

　本章では、その授業のデザイン段階と実施段階の進め方の一端について、事例を通じて紹介してきました。本事例を参考に自立活動の指導の理解を深めるとともに、自己の実践を振り返りながら、自己の指導過程を説明できることが大切です。そして、多様な実態の子どもたちの教育的ニーズに応えるためにも、絶えず指導に必要な知識と技量を追求していくことが、教師としての成長につながります。

引用・参考文献 ————

1) 文部科学省（2018）「特別支援学校教育要領・学習指導要領解説自立活動編（幼稚部・小学部・中学部）」。https://www.mext.go.jp/component/a_menu/education/micro_detail/__icsFiles/afieldfile/2019/02/04/1399950_5.pdf（2022 年 11 月 30 日閲覧）

2) 春木豊（2012）『動きが心をつくる——身体心理学への招待』講談社現代新書。

3) 安藤隆男（2021）『新たな時代における自立活動の創生と展開——個別の指導計画システムの構築を通して』教育出版。

・北川貴章（2015）「第 4 章第 3 節 1 自立活動の指導の実際①——実態把握、課題整理の工夫を中心として」、全国心身障害児福祉財団編著『新重複障害教育実践ハンドブック』社会福祉法人全国心身障害児福祉財団、150–160 頁。

・北川貴章（2011）「単元 10 国語手紙を書こう〈小学部 5 年〉」、筑波大学付属桐が丘特別支援学校編著『特別支援教育における肢体不自由教育の創造と展開 2「わかる」授業のための手だて——子どもに「できた！」を実感させる指導の実際』ジアース教育新社、40–41 頁。

付記
図表も含めて、事例 1 は、北川（2015）を、事例 2 は、（北川 2011）を改編したものです。

（北川貴章）

第 **7** 章

肢体不自由の子どもの学びを支える基盤づくり

　特別支援学校（肢体不自由）には、重度の肢体不自由に併せて知的障害を有する幼児児童生徒が多くの割合で在籍しています。こうした幼児児童生徒においては、心身の健康保持・増進や生活行為である食べること、排泄することなどについての指導も重要です。

　本章では、こうした幼児児童生徒を対象にした一人ひとりの教育的ニーズの理解及び指導と支援について学びます。

1　重度・重複障害とは

(1) 重複障害及び重度・重複障害の定義

　「重複障害児」とは、「複数の種類の障害を併せ有する（幼児）児童又は生徒」（特別支援学校幼稚部教育要領 第1章総則の第6の2、同小学部・中学部学習指導要領第1章総則第5節1の (6)、同高等部学習指導要領第1章総則第2節第5款1の (8))[1] [2] のことであり、視覚障害、聴覚障害、知的障害、肢体不自由及び病弱について、原則的には学校教育法施行令第22条の3において規定している程度の障害を複数の種類併せ有する者を指しています。しかし、実際の指導にあたっては、その必要性から必ずしもこれに限定される必要はなく、言語障害、自閉症や情緒障害などを併せ有する場合も含めて考えてよいことになっています。

　重複障害児には、感覚障害と知的障害を伴っている者や感覚障害と肢体不自由を伴っている者、肢体不自由と常時医療的なケアを要する者などがいて、

その障害の様相は多岐にわたっています。さらに、こうした重複障害児は、その障害の程度が重度な場合も多く、特別支援教育の分野では、「重度・重複障害児」という用語を用います。

　「重度・重複障害」の概念については、1975（昭和50）年3月、特殊教育の改善に関する調査研究会により「重度・重複障害児に対する学校教育の在り方」[3] が報告され、この中で重度・重複障害児の範囲を、「a) 学校教育法施行令[4] 第22条の2（現行の第22条の3）に規定する障害を二つ以上併せ有する者、b) 発達的側面から見て、精神発達の遅れが著しく、自他の意思の交換及び環境への適応が著しく困難な者、c) 行動的側面から見て、多動的傾向等問題行動が著しい者で常時介護を必要とする程度の者を加える」、と規定しています。このことから、重度・重複障害の概念は、重度の障害が重複しているだけでなく、発達的側面や行動的側面からも規定していることに留意しておく必要があります。

　この章では、特別支援学校（肢体不自由）に多く在学している、重度の肢体不自由に併せて重度の知的障害のある児童生徒の指導について概説します。

(2) 重度・重複障害のもたらす困難の整理

　重複障害による学習上または生活上の困難を改善・克服するための指導を考える際には、障害が重複することによる種々の困難について的確にとらえることが必要です[5]。

　重複障害がもたらす困難については、以下の3点に分けて整理することができます。

1) 重複した障害の一つひとつがもたらす困難

　比較的軽度な障害を重複して有する場合で、例えば、弱視と片方の下肢に軽いまひがある場合には、視覚の活用を中心とした指導と下肢の不自由さに配慮した歩行の安定を組み合わせた指導が考えられます。このように一つひとつの障害にかかる配慮事項を参考にしながら、対象児の様子を丁寧に観察することにより、どのような困難があり、どのような支援や指導が必要かの手がかりを得ることができます。

2）障害が重複することで追加・増幅される困難

　特に重度の障害が重複すると、単に困難が加算的に追加されるだけではなく、相乗的に増幅されます。その理由は、単一障害の場合に用いられる支援方法の多くが、障害を受けていない他の機能に依存あるいは他の機能によって補われているからです。例えば、全盲と四肢にまひがあり歩行ができない場合などです。移動する際に、白杖での歩行も電動車いすによる移動も、障害が重複することでできなくなります。学習においても、肢体不自由のために自らの動きを通して体験することが困難な場合、視覚や聴覚などの他の感覚を使っての観察や視聴覚教材を活用することで補うことが、視覚障害や聴覚障害を併せ有することで困難となります。

　これら複数の障害により追加・増幅された困難を本人が乗り越えていくためには、教員は一つひとつの障害についての整理だけではなく、複数の障害が重複することで新たに生じる困難を整理して把握する必要があります。その上で、確実に届く情報の提供、表現しやすいコミュニケーション方法の選択、理解を助ける教材・教具の用意などを行うことが不可欠になります。

3）重複障害がもたらす困難を理解していないことにより、周囲の人が不適切な関わりをしてしまうことでもたらされる困難

　重複障害の様相は極めて多岐にわたります。そのため、重複障害のある児童生徒を周囲の人が適切に理解することは、たいへん重要な課題です。しかし、現実には周囲の人が重複障害のもたらす困難を理解していないことにより、不適切な関わりをして、そのことで重複障害児の困難が増幅する場合が少なくありません。特に重度・重複障害のある児童生徒は、生活すべてにおいて介助を必要とする状態にあり、しかも周囲にはわかりにくい表現方法しかもっていない場合に、その児童生徒の潜在能力が極めて低く見なされがちになってしまいます。また、周囲から「障害の重い子」「重症児」などの言葉でカテゴリー化したイメージで見られ、イメージが先行して一人歩きしてしまっている場合にも、同じように潜在能力が低く見なされてしまうということが生じやすい状況です。

　私たち人間は、障害のあるなしにかかわらず、生きている限り、主体的に人や環境と関わり合いたいという根源的な欲求をもっています。はじめから

「重度・重複障害児は……」という視点で関わるのではなく、まずは「一人の人間」として児童生徒と向かい合うということを忘れずに、一人ひとりの教育的ニーズに応じた教育を実践していくことが大切です。そのためには、その児童生徒の有する困難の背景要因を把握した上で、「できないこと（＝困難）」の羅列ではなく、「"できない"から"できそう"」につながる道筋を描けるように想像（創造）力を駆使することが指導者には求められます。

② 重度・重複障害児の特性の把握

　重度・重複障害のある児童生徒には、一般に以下のような特性のある場合が多く、指導に際しては、その実態を十分に把握しておくことが重要です。

（1）身体発育
　身体発育が順調でない場合が多く、低身長、低体重の児童生徒や身体虚弱の児童生徒が多く見られます。また、骨が細くもろくて骨折しやすい者も少なくありません。

（2）生理調節機能
1）呼吸機能
　呼吸のリズムが保ちにくく、呼吸が浅かったり、呼吸数が増減しやすかったりします。
2）体温調節機能
　体温調節中枢の発達が未熟で、発汗機能が十分に働かないことから、外気温や湿度の影響を受けやすく、発熱しやすい傾向があります。また、平熱が33 〜 35℃といった低体温の児童生徒も見られます。
3）睡眠・覚醒機能
　睡眠中の呼吸障害やてんかん発作などにより、睡眠と覚醒のリズムが不規則になりやすく、寝つきが悪かったり、昼夜が逆転したりするなどの睡眠障害を伴いやすくなっています。

（3）摂食・嚥下機能

口の開閉や口唇による食物の取り込みが困難で、水分を飲むとむせたり、口から食物を押し出したりするなど、食物や水分を摂取する上でさまざまな問題が生じます。

（4）排泄機能

膀胱にためた尿をスムーズに出せないことから、排尿困難や頻尿、尿失禁をきたします。また、習慣性の慢性便秘症になりやすく、浣腸や摘便を必要とする者も多く見られます。

（5）認知機能

姿勢や運動をコントロールできないため、①頭部を自由に動かせるように垂直に保持すること、②注意や覚醒水準を高めること、③視覚により志向性をもって見ることに困難が生じやすい傾向があります。そのため、認知機能の基盤となる初期感覚である触覚、前庭覚（いわゆる平衡感覚）、固有覚（筋肉を使うときや関節の曲げ伸ばしによって生じる感覚）の活用段階にとどまり、視覚認知が未熟な場合が多く見られます。また、初期感覚の機能の問題、例えば触覚が過敏であったり鈍感であったりという児童生徒もいます。

（6）視機能

脳性まひ児には、その70％に何らかの視覚障害があると推測されています。障害の重い児童生徒においては、「見えているかどうかはっきりしない」という場合も少なくありません。こうした児童生徒の多くは、中枢性視覚障害があるといわれ、①まぶしさを感じる、②色知覚がある、③動くものへの反応がある、④周辺視野の反応があるなど、さまざまな特徴が国内外の研究で明らかになってきています。

（7）運動機能

脳性まひが基礎疾患の児童生徒には、骨格筋の過緊張・低緊張や不随意運動が見られ、姿勢・運動の発達が未熟な場合が多く見られます。また、加齢

とともに異常な姿勢や運動が固定化し、脊柱の側弯や胸郭の変形、四肢の関節の変形や筋の拘縮などを併せ有する場合が多く見られます。

(8) 言語・コミュニケーション機能

　言語の理解や発語、身振りなどで自分の意思や欲求を表すことが難しく、周りの人にとっても相手の表現が理解しにくいため、コミュニケーションを図ることが困難です。また、視覚障害や聴覚障害、行動障害などを伴っている場合には、さらにやりとりが困難になります。

(9) 人間関係、情緒・社会性

　身体の動きや発語に困難があり自発的な行動を獲得できず、人間関係においても受動的になりやすいことが多いです。また不快を感じても感覚の問題で表現する力が弱く、他人から理解されにくいため、人との関係に問題が出てくることもあります。例えば、光に対するまぶしさを強く感じてしまう場合など、目を閉じて自分にとって不快となる刺激を遮断することが、日中に明るい所では眠ってしまうという行動の形成につながってしまう、などがあります。

③ 重度・重複障害児に必要な配慮と指導の工夫

(1) 児童生徒の安心につながる工夫
1) 人的環境

　指導者が児童生徒にとって「なじみの人」になることが児童生徒の安心につながります。指導者を児童生徒にとって区別しやすくするため、衣服、装飾品、髪型などの外見や、独特な語りかけや歌や遊具での関わり方などに、指導者の特徴を際立たせる工夫を行い、「あっ○○先生だ」と理解してもらえるようにすることが大切です。
2) 物的環境

　児童生徒の居場所が「なじみの場所」になることが児童生徒の安心につながります。児童生徒がリラックスでき、また楽しめるように遊具や楽器など

を常備します。その場所が「私の○○する所だ」と見つけやすいように、その児童生徒にとっての明確な手がかり（色、柄、形、感触、音等）を用意すると効果的です。

3) 活動環境

活動の見通しが多少なりとも実感でき、活動が児童生徒にとってわかりやすく、楽しめるものであることが児童生徒の安心につながります。活動の見通しがもてるように、活動に関連の深い実物、模型、身振り動作、写真、絵、文字などを使い、児童生徒がわかる（わかりそうな）方法を用いて活動の予告を重ねることが大切です。

(2) 児童生徒のわずかな表出から気持ちを読み取ること

重度・重複障害のある児童生徒としっかり向き合うことで、必ずその子は表情や微細な動き、身体全体の緊張など、限られた動きの中でも外界に向けて発信をしていることに気づきます。そこで指導者はまず、その子の気持ちが快（受け入れ）であるか、不快（拒否）であるかを読み取りながら、その子の気持ちに沿って関わり方を工夫していきます。関わりを「受け入れている」と読み取れたときには、児童生徒の意図を実現する方向で関わり方を展開し、「嫌がっている」と読み取れたときには、その関わりを止めて、その子に受け入れられる方法を探ります。特に、関わりの初期の段階では、児童生徒の「ノー」という表出を受け止めて、それに応えることが重要です。児童生徒が「わかってもらえた」と実感できることが、コミュニケーションの力のもととなり、人を信頼したり、より自発的な発信力を高めたりする原動力となります。こうしたやりとりを十分に繰り返して、児童生徒と指導者との関係が深まった後に、「嫌なのはわかったよ。でも、一回だけ先生と一緒にやってみようよ」などといった働きかけを行うことが有効となります。

重度・重複障害のある児童生徒の中には、笑う、怒る、泣くなどの表情の変化が極めて少なく、視線の動きなども観察できず、指導者の読み取りが困難な場合があります。表情に表せない児童生徒の場合には、他の身体の部位の動きや緊張の具合、息づかいなど普段の様子との違いを観察し、わずかな動きでも、その子との関わりをもつ周囲の人たちと確認をし合いながら、児

童生徒へのフィードバックを丁寧に重ねて、その変化が表出として明確になるように促すことが大切です。

(3) 児童生徒自身が表出できることを実感できるようにすること

重度の肢体不自由がある場合、周囲に働きかける手段が限られるため、自分の起こした行動が周囲の人に影響を及ぼしうることを実感する経験がとても少ないことがあります。したがって、児童生徒が今できる何らかの行動によって明確な結果が生じ、周囲の人がはっきりと応答するような状況を設定することが重要です。例えば、児童生徒が口元を動かしたら、動いた口元に触れて「お話ししているんだね」と声をかけるなどします。児童生徒自身が表出できることを実感するために、このようなフィードバックはとても重要です。

(4) 児童生徒にわかりやすい状況をつくる

児童生徒が自ら外界と関わりながら学んでいくために、指導者はその児童生徒が外界へ働きかける糸口となるように、興味を引き出せるものを準備し、働きかけた結果が児童生徒に戻る「わかりやすい状況」をつくる工夫が必要です。重度・重複障害のある児童生徒にとってわかりやすい状況を設定していく上で、教材・教具が重要な役割を果たします。教材・教具は児童生徒とのコミュニケーションを円滑にし、児童生徒の学びを支援することにつながります。

重度・重複障害のある児童生徒が、わかりやすい状況設定の中で学ぶために、必要な観点を以下にあげます。

1) 児童生徒の興味・関心のあること

重度・重複障害のある児童生徒にとって、受け止められる情報の質と量は限られています。その児童生徒が興味・関心を向けるものだけが意味のある情報となって伝わります。日常の生活の中で、その児童生徒なりに自分で面白いと感じるものを探索しながら、取捨選択していると言えます。その意味で、指導者が児童生徒に自由な探索をする場を設定して、注意深く観察し、児童生徒が、何に対して、どのように関わっているかを把握することが大切

です。また、指導者として、児童生徒一人ひとりの興味・関心の多様性に配慮し、幅広い選択肢を用意していくことも必要です。例えば、音楽にもその児童生徒なりの好みがあり、子どもだからといって童謡がよいだろうと指導者が固定的な概念で決めつけずに、児童生徒自身が選択できる状況をつくることが必要です。

2）児童生徒にとっての扱いやすさ

児童生徒が自分の起こした行動とその結果との関連がわかるためには、その児童生徒が動かせる身体の部位を使って直接関わることができる状況を設定する必要があります。その児童生徒ができるだけ最少の努力で動かせる身体の部位、その動きの方向と強さに応じた仕掛けが重要で、特に動きを起こしにくい重度の肢体不自由のある児童生徒には、わずかな動きでON・OFFができるスイッチの活用が有効です。また働きかける対象となるものとの距離も重要な要素で、少しずつ身体とものとの距離を広げていくことで、外界を探索する範囲が広がり、移動を促すことにつながります。

3）感覚障害への配慮

重度・重複障害のある児童生徒の場合、視覚や聴覚などに障害を重複して併せ有することがあり、その児童生徒の見え方や聞こえ方の特徴に応じた配慮を要します。視覚を例にすると、いわゆる視力が弱いだけでなく、視野の狭窄、色覚や光覚（暗順応、明順応）や眼球運動などの諸機能が不十分なためにさまざまな見えにくさがあることへの配慮が必要です。例えば、室内の照明を間接的な照明にしたり、光度を調節したりすることによりまぶしさを軽減する、目を向けてほしいものにコントラストのはっきりした縞模様を入れる、背景の色を調節するなどの工夫があると、対象物が見えやすくなります。

重度の肢体不自由のある児童生徒の場合は、顔の向きを変えたり、提示された教材と自分との距離を自ら調節したりすることが困難な場合が多くあります。目から近ければ見えやすいということではなく、児童生徒の視力や視野に応じた提示物の大きさや位置、明るさやコントラストなどを考慮する必要があります。

視覚や聴覚などのアセスメントについては、特別支援学校（視覚障害、聴

覚障害）のセンター的機能を利用するといったような、専門的な機関と連携を図ることも大切です。また、視覚、聴覚に限らず、触覚、嗅覚、味覚、固有覚（筋肉や関節の動きを感知）、前庭覚（重力や加速度の感知）など多様な感覚に働きかけていくことが大切です。これらの働きかけには、児童生徒に不快感をもたらすものもあり、それらの働きかけを自ら拒否（遮断）することもあります。一人ひとりの好みを確かめながら、働きかけの質と量を慎重に判断し、調整する必要があります。

4) 姿勢への配慮

児童生徒の活動を支える身体の姿勢はとても重要です。例えば、児童生徒がものに手を伸ばすときに、身体全体のバランスを一度崩しながら、姿勢を調整し直そうとします。姿勢を保つという一見静的な状況の中で、実は常に動的な調整をしています。座位や立位などの重力に抗した姿勢をとることは大切です。自分で姿勢を保てない児童生徒にとっては、姿勢を変えること、または身体を起こし抗重力の姿勢（座位や立位）を実感できるような指導をしましょう。

(5) 支援の工夫

重度・重複障害のある児童生徒の自発的な働きかけを促すため、支援の在り方を工夫することが大切であり、次のようなことを心がけましょう。

・児童生徒自らが活動のペースを決める（活動の主導権は児童生徒の側にあります）。
・児童生徒の行動を受けてそれに応える（児童生徒の思いに沿った支援が大切です）。
・児童生徒の行動を待つ（障害の重い児童生徒の動き始めは遅いものです）。
・児童生徒に提案する（児童生徒の活動が停滞した場合、別の遊び方や別の活動を示して、様子を見ましょう）。

(6) 体調が変化しやすい児童生徒への配慮

指導目標や指導内容は、児童生徒の体調が安定しているときを想定して組み立てられています。しかし、重度・重複障害のある児童生徒の中には、体

調が変動しやすい者も少なくありません。そのため、指導計画に沿った学習活動ができなくなる場合が生じます。

　例えば、てんかんの発作があったり、気温や湿度の変化に順応できないために、急に体調が落ち込んだり、活動レベルが低下してしまったりすることがあります。1日の中で体調が変動する場合、1週間単位で変動する場合、1年のある季節により体調が悪くなる場合など、変動のサイクルはさまざまです。また、体調の悪い状態から回復して、再び元気な状態になるのにどれくらい時間がかかるのかにも大きな個人差があります。こうした児童生徒の指導では、日頃から彼らの体調の変化を表情やバイタルサイン（体温、脈拍、呼吸、血圧）を通してよく把握できるようにするとともに、その時々の児童生徒の体調に合わせた指導を行うことが必要となります。その時々の体調によって、柔軟に、そして的確に活動目標を調整していくことが大切です。

④ 医療的ケア

（1）医療的ケアとは

　学校や在宅生活の中で、日常的に痰の吸引や、注入による経管栄養などが必要な児童生徒がいます。これらの対応は「医療的ケア」と呼ばれ、看護師が行うことが原則です。医師免許や看護師等の免許をもたない者は、医行為を反復継続する意思をもって行うことはできませんが、平成24年度の制度改正により、看護師等の免許を有しない者も、医行為のうち、痰の吸引等の5つの特定行為に限り、研修を修了し都道府県知事に認定された場合には、「認定特定行為業務従事者」として、一定の条件の下で制度上実施できることとなりました。医療的ケアは、こうした制度の下で学校の実情に応じて、教員により実施されています。学校において行われる医療的ケアの例を表7-1に示します。詳しくは、「特別支援学校等における医療的ケアの今後の対応について」（2011［平成23］年12月20日付の文部科学省初等中等教育局長通知）6)及び「学校における医療的ケアの今後の対応について（通知）」（2019［平成31］年3月20日付の文部科学省初等中等教育局長通知）7)に示されています。

表7-1　学校において行われる医療的ケアの例

医療的ケアの例	
栄養	●経管栄養（鼻腔に留置されている管からの注入）
	●経管栄養（胃ろうまたは腸ろう）
	経管栄養（口腔ネラトン法）
	IVH中心静脈栄養
呼吸	●口腔内吸引（咽頭より手前まで）
	●鼻腔内吸引（咽頭より手前まで）
	口腔・鼻腔吸引（咽頭より奥の気道）
	経鼻咽頭エアウェイ内吸引
	●気管切開部（気管カニューレ内）からの吸引
	気管切開部（気管カニューレ奥）からの吸引
	ネブライザー等による薬液（気管支拡張剤等）の吸入
	経鼻咽頭エアウェイの装着
	酸素療法
	人工呼吸器の使用
排泄	導尿（介助）

●教員等が行うことができる医療的ケア（特定行為）
出典：文献5）を元に筆者が作成

(2) 医療的ケア児の教育の場の広がり

　現在、学校に在籍する喀痰吸引や経管栄養等の医療的ケアが日常的に必要な児童生徒の数は年々増加するとともに、人工呼吸器の管理等の特定行為以外の医療的ケアを必要とする児童生徒等が学校に通うようになるなど、医療的ケア児を取り巻く環境が変わりつつあります。

　特別支援学校において、日常的に医療的ケアを必要とする幼児児童生徒数は、文部科学省の調査によると訪問教育を受けている者を含め 8,392 人います。特別支援学校の在学者数は、144,434 人（医療的ケア児は 2019［令和元］年 11 月 1 日、在学者は 2019 年 5 月 1 日現在の状況）であるので、実に特別支援学校に在学している幼児児童生徒全体の 5.8% の幼児児童生徒が、何らかの医療的ケアを必要としています。この特別支援学校における医療的ケアは、看護師 2,430 人、認定特定行為業務従事者（教員等）46,454 人が行っています。さらに、特別支援学級在籍者も含め、幼稚園、小学校・中学校、高等学

校において日常的に医療的ケアが必要な児童生徒数は、1,453 人（幼稚園 222名、小学校 972 人、中学校 191 人、高等学校 68 名、いずれも 2019（令和元）年11 月 1 日現在の状況）で、看護師 1,314 人、認定特定行為従事者（教員等）161 名が医療的ケアを行っています。

（3）学校における医療的ケアの実施にあたって

　医療的ケアが実施されることにより、子どもの生活リズムが安定したり、授業の継続性が保たれたりして、子どもの成長につながっていることなどが報告されています。

　学校において医療的ケアを行うにあたって、特に配慮が必要なのは、安全の確保と保護者との関係です。

1）安全の確保

・看護師等との連携、実施内容等を記載した計画書や報告書、危機管理への対応を含んだ個別マニュアルの作成など、法令等で定められた安全確保措置について十分な対策を講じること。

・主治医等からの指示書に加えて、学校医、医療安全を確保するという立場から主治医の了承のもとに指導を行う医師（指導医）に指導を求めること。

・特別支援学校において、学校長を中心にした組織的な体制を整備するにあたり、安全委員会の設置と運営等に際しては、学校医又は指導医に指導を求めること。

2）保護者との関係

・看護師及び教員等による対応にあたっては、保護者から、学校への依頼と当該学校で実施することへの同意について、書面で提出してもらうこと。なお、保護者が書面による提出をするにあたっては、看護師及び教員等の対応能力には限りがあることや、児童生徒等の健康状態が優れない場合の無理な登校は適当でないことなどについて、学校が保護者に十分説明の上、保護者がこの点について認識し、相互に連携協力することが必要であること。

・健康状態について十分把握できるよう、事前に保護者から対象となる児童生徒等に関する病状について説明を受けておくこと。

・登校後の健康状態に異常が認められた場合、保護者に速やかに連絡をとり、対応について相談すること。

⑤ 重度・重複障害児の指導の実際

（1）健康の保持・増進を図る指導

　健康であるためには、適度な運動と休養のバランスをとり、外界からの働きかけを受けとめ、精神活動を活発にすることが大切です。例えば、寝たきりの状態の児童生徒の場合でも、負担過重にならない範囲でできるだけ上体を起こし座位保持いすなどで座位姿勢をとることや、定時に体位を変換し、スキンシップを十分に行うことなどは、継続的に行いたい指導です。音楽や歌に合わせて全身のマッサージや体操をしたり、トランポリンなどの遊具を用いて身体を揺らしたりするなど、さまざまな感覚を刺激して、児童生徒が心地よさを味わうことができる活動が極めて有用です。

　また、動かすことが可能な身体の部位を用いてスイッチ操作を行い、自分の行動によって玩具や映像・照明などを動かしたり、音楽を奏でたりできることを学ぶことで自発的な行動を促し、人や物への興味や関心を育むことができます。こうした外界へ働きかける力は、学習の意欲の向上にもつながり、健康の保持・増進への原動力となります。

（2）食事の指導

　「食べる」という行為は、人間にとって生命や健康を維持し、楽しさや喜びを感じる貴重なひとときです。まずは、児童生徒の食べる「機能」を的確に把握し、安全に食べることができるようにすることが求められます。その上で、五感を使いながら、一緒に食べる指導者とのコミュニケーションを深めたり、児童生徒の意欲や主体性を育てていく学習活動として取り組んだりすることが大切です。

1）食物の形態

　児童生徒の摂食・嚥下障害の程度がどのレベルにあるのかを把握し、その実態に応じた食物形態を用意しなければなりません。普通食が困難な場合に

は、きざみ食やとろみをつけた食物、ミキサーでペースト状にした食物など
を用意します。この場合でも、栄養のバランスや味つけ、さらには、おいし
そうな見た目も大切にすることが必要です。また、水分は固形食品に比べて
摂取が難しく、むせたり誤嚥したりしやすいので、とろみをつけたりアイソ
トニックゼリー（電解質を含む水分補給食品）などで水分補給したりする必要
がある場合もあります。

2）姿勢

　食事のときに正しい姿勢をとることは、食物が口から食道へ安全に通過す
るために極めて重要です。座位で頭部と体幹をわずかに前傾させる姿勢が基
本ですが、児童生徒によってはこの姿勢を保持することが困難な場合もあり
ます。寝たきりの姿勢から、ベッドの頭部を 15 〜 30 度ほど上げ、頭を少し
前屈気味にし、腰に枕を当てるなどして体幹を支持するなど、無理のない状
態から少しずつ姿勢を起こしていけるように指導することが大切です。体幹
を 45 度くらいに起こす姿勢を保つことができれば、摂食機能を十分に発揮
でき、胃液の逆流による食道炎の予防にもつながります。

3）介助による食事の指導での配慮事項

　唇を使って取り込む力が弱い児童生徒の場合には、ボール部が平らなス
プーンを使用します。そして、以下のような手順で、丁寧に食べる動作を促
す指導が大切です。

①予告する：児童生徒にこれから食べることを伝え、食べ物を見せ、匂いを
　かがせる。

②スプーンを運ぶ：スプーンを児童生徒の目線より下から持っていき、ス
　プーンにのせた食物を見せると、姿勢が少し前かがみになって首の前方部
　の筋緊張が緩み、飲み込みやすい姿勢になる。

③開口を待つ：児童生徒が口を開けるのを待つ。口を大きく開けすぎる場合
　は、顎をコントロールして援助する。

④取り込みを待つ：児童生徒が口を開けたら下唇にスプーンを置いて、上唇
　を下ろして食物を取り込むのを待つ。取り込みが難しいときは、上唇を下
　ろし、顎を閉じるのを援助する。

⑤嚥下を促す：顎の動きを阻害しないようにし、唇を閉じているように援助

する。1回ごとに確実に食物を飲み込んだのを確認してから、次に進む。

　どこまで児童生徒ができるのか、どこから援助するかをよく見極めて、援助は必要最低限にすることが大切です。その際に、機能面にばかりに注意を向けず、リラックスした環境をつくり食べる意欲を高め、児童生徒が楽しい雰囲気で食べられるように心がけることが重要です。

(3) 排泄の指導

　排泄の指導は、食事の指導と同様に、児童生徒自身の実態を把握することはもちろん、家庭を中心とする生活における人的（支援する人）環境、物的（施設・設備など）環境や、卒業後の生活も視野に入れて総合的に把握することが求められる指導です。そして、指導は個別的、継続的に行い、個々の自立活動の指導のねらいと内容を踏まえて、効果的な取組みが行われるようにすることが大切です。以下に、指導において大切にしたいポイントを、自立活動の指導の内容（項目）と関連させてまとめ、さらに安全に指導するために必要な事項をあげます。

　1）自立活動の内容（項目）と関連させて整理した指導内容

①健康の保持：健康のバロメーターとして、回数、量、状態などを把握すること。

②心理的な安定：安定した健康状態を基盤にして、「快」の感情を呼び起こす。不安や抵抗感を軽減し、ほめ方の工夫などで意欲の向上につなげること。

③人間関係の形成：指導者とのラポートを基本として信頼感をもち、他者の働きかけを受け止め、応ずるようにすること。

④環境の把握：言葉かけに加えて、サインや絵カードなどを活用すること（落ち着いて集中できるための工夫）。

⑤身体の動き：本人の主体的な動作を促すこと。補助用具を活用すること。支援者が無理なく安全に関われる工夫を開発すること。

⑥コミュニケーション：「イエス・ノー」の明確化。ノンバーバル（アイコンタクト、身体接触、歌など）なコミュニケーションを活用すること。

　排泄の指導においては、日々の繰り返しの中で取組みがマンネリ化して、

指導の成果がとらえにくくなってしまうこともあります。排泄指導の成果を、ここにあげたポイントを参考にチェックして、指導が「目標」に向かって前進しているのか、改善・工夫を要するのかを、保護者や一緒に指導を担当している教員と適宜話し合うことが大切です。

2) 安全に指導するために大切な事項

特別支援学校（肢体不自由）で起こる事故の発生場所（場面）では、トイレ（排泄指導中）が毎年上位を占めています。一連の指導の流れを、以下の「安全」の視点から見直してみることが大切です。

①車いすとベッド、便座の位置関係は適切か。

②ベッドの周囲も含めて安全な環境か。

③ベッドなどからの転落防止の対応はあるか。

④着替えやおむつをあらかじめ準備してあるか。

⑤便座や手すりなどに破損はないか。

このように、手順と環境をしっかり確認することが求められます。また、安全に指導するためには、指導者が安定した姿勢で無理なく支援できるように工夫することも大切です。

(4) 認知やコミュニケーション能力の発達を促す指導

1) 認知の発達を促す指導

姿勢保持や手の操作が困難なことに加えて、視覚の活用が初期の段階で、「何となく見えている」という児童生徒に対しては、意識的・目的的に対象を見る力を育てる指導が大切です。「(1) 健康の保持・増進を図る指導」で先述した、初期感覚と言われる触覚、前庭覚（いわゆる平衡感覚）、固有覚（筋肉を使う時や関節の曲げ伸ばしによって生じる感覚）や聴覚を用いた指導と並行して、注視や凝視、さらには追視を促す指導に段階的に取り組むことが大切です。最も初期の段階では、光る教材を用いることが有効です。光刺激への気づきが十分に育った上で、実物を教材にして注視を促します。また、こうした指導を行う際には、適切な姿勢を援助することが重要です。座位などの抗重力姿勢が有効ですが、身体の変形・拘縮や呼吸状態などにより座位がとれない場合は、身体の前面で手の操作が少しでもできる姿勢を工夫する

ことで、手の操作活動を促すことが大切です。

2）コミュニケーションの発達を促す指導

「ことば」を話さない障害のある児童生徒でも、身ぶりや表情、発声など
で自分の気持ちを伝えようとしています。しかし、障害の重い児童生徒の場
合、応答のサインが弱く、「サインを出したのかどうかがはっきりしない」
ことは少なくありません。また、サインらしき発信をしていても、サインを
出したときに視線が他に向いていたり、サインを出すタイミングが遅かった
りするために、指導者はサインとして判断することに困難を感じます。この
ような児童生徒と「やりとり」を深めていくためには、指導者は児童生徒の
動きや呼吸のリズムを感じとり、そのペースに合わせていくことが大切です。
こうして、児童生徒の微細な動きに集中して見えてきた行動から、意図や気
持ちを推測して「やりとり」に慣れていくことが有効です。その際には、指
導者の側も「はっきりとした声かけ」や「わかりやすい身ぶり」を意識して
伝えます。特に、「これから使うものを見せながら話しかける」といった配
慮は、指導者の意図が児童生徒に伝わりやすい働きかけです。

＊　　　＊

　重度・重複障害児は、生活上での困難への対応を基盤とした指導が重要で
す。こうした指導を継続的に積み重ねるためには、家庭との連携・協働が不
可欠です。また、対象児童生徒が利用している医療やリハビリテーション機
関や福祉サービスとの連携を図りながら、生活の質を高めていくためのチー
ムアプローチが重要です。

引用・参考文献 ————————————————————————
1）文部科学省（2017）「特別支援学校幼稚部教育要領　小学部・中学部学習指導要領」。
　　https://www.mext.go.jp/content/20200407-mxt_tokubetu01-100002983_1.pdf（2022 年 12
　　月 8 日最終閲覧）
2）文部科学省（2019）「特別支援学校　高等部学習指導要領」。https://www.mext.go.jp/
　　content/20200619-mxt_tokubetu01-100002983_1.pdf（2022 年 12 月 8 日最終閲覧）
3）特殊教育の改善に関する調査研究会（1975）「重度・重複障害児に対する学校教育の在
　　り方について（報告）」。https://www.mext.go.jp/b_menu/shingi/chukyo/chukyo3/003/
　　gijiroku/05062201/001.pdf（2023 年 1 月 31 日最終閲覧）

4）「学校教育法施行令」政令第 340 号、1952（昭和 28）年。

5）長沼俊夫（2020）「重複障害児の理解」、川間健之介・長沼俊夫編著『新訂　肢体不自由児の教育』放送大学教育振興会、175–191 頁。

6）文部科学省（2011）「特別支援学校等における医療的ケアの今後の対応について」。https://www.mext.go.jp/b_menu/shingi/chousa/shotou/087/houkoku/1314048.htm（2022年 12 月 8 日最終閲覧）

7）文部科学省（2019）「学校における医療的ケアの今後の対応について（通知）」。https://www.mext.go.jp/a_menu/shotou/tokubetu/material/1414596.htm（2022 年 12 月 8 日最終閲覧）

・姉崎弘（2007）『特別支援学校における重度・重複障害児の教育』大学教育出版。

・独立行政法人国立特別支援教育総合研究所（2020）「特別支援教育の基礎・基本 2020」ジアース教育新社。

・長沼俊夫（2020）「重複障害児の指導」、川間健之介・長沼俊夫編著『新訂　肢体不自由児の教育』放送大学教育振興会、192–204 頁。

（長沼俊夫）

第 8 章

補装具・自助具や教材・教具の活用

　肢体不自由のある子どもの四肢・体幹の動きや姿勢、学習上または生活上の困難さは、さまざまな補装具・自助具などの活用によって軽減されることが少なくありません。

　本章では、合理的配慮を参考に、個々の肢体不自由の特性に応じた工夫、例えば、見やすくするための工夫、書くための器具、コミュニケーションを補うための補助的手段などにはどのようなものがあるのかを紹介します。

① 合理的配慮と肢体不自由のある子どもへの支援

(1) 合理的配慮

　2012 年（平成 24 年）7 月にまとめられた中央教育審議会初等中等教育分科会による「共生社会の形成に向けたインクルーシブ教育システム構築のための特別支援教育の推進（報告）」[1] では、インクルーシブ教育システムにおいては、個人に必要な「合理的配慮」（reasonable accommodation）が提供されることなどが必要とされています。

　「障害者の権利に関する条約」第 2 条の定義において、「合理的配慮」とは、「障害者が他の者と平等にすべての人権及び基本的自由を享有し、又は行使することを確保するための必要かつ適当な変更及び調整であって、特定の場合において必要とされるものであり、かつ、均衡を失した又は過度の負担を課さないものをいう」とされています。学校における合理的配慮の観点としては、表 8-1 のように 3 観点 11 項目が示されています[2]。例えば、「教育内容・方法」に関して、教材の配慮について示されており、「情報・コミュ

表 8-1　合理的配慮の観点（3 観点 11 項目）

1　教育内容・方法
〈1-1　教育内容〉
1-1-1　学習上又は生活上の困難を改善・克服するための配慮
1-1-2　学習内容の変更・調整
〈1-2　教育方法〉
1-2-1　情報・コミュニケーション及び教材の配慮
1-2-2　学習機会や体験の確保
1-2-3　心理面・健康面の配慮
2　支援体制
〈2-1　専門性のある指導体制の整備〉
〈2-2　幼児児童生徒、教職員、保護者、地域の理解啓発を図るための配慮〉
〈2-3　災害時等の支援体制の整備〉
3　施設・設備
〈3-1　校内環境のバリアフリー化〉
〈3-2　発達、障害の状態及び特性等に応じた指導ができる施設・設備の配慮〉
〈3-3　災害時等への対応に必要な施設・設備の配慮〉

出典：文献 2)

ニケーション及び教材の配慮」の例として、「障害の状態等に応じた情報保障やコミュニケーションの方法について配慮するとともに、教材（ICT 及び補助用具を含む）の活用について配慮する」とあります。このように、ICTの活用を含めた教材・教具は、合理的配慮の観点・項目を参考に検討することが必要になります。

（2）肢体不自由のある子どもに対する合理的配慮の例

　「障害のある子供の教育支援の手引―子供たち一人一人の教育的ニーズを踏まえた学びの充実に向けて」（文部科学省、2021)[3] では、肢体不自由のある子どもの教育における合理的配慮を含む必要な支援の内容として、表8-2のような例があげられています。

　肢体不自由のある子どもの教育的ニーズを整理する際には、表8-2の例にあるように、ICT や補助用具を含む教材の活用について、個別に必要な支援の内容を把握することが必要となります。

表8-2　合理的配慮を含む必要な支援の例

○1－1－1「学習上又は生活上の困難を改善・克服するための配慮」

　道具の操作の困難や移動上の制約等を改善できるように指導を行う（片手で使うことができる道具の効果的な活用、校内の移動しにくい場所の移動方法について考えること及び実際の移動の支援等）。

○1－1－2「学習内容の変更・調整」

　上肢の不自由により時間がかかることや活動が困難な場合の学習内容の変更・調整を行う（書く時間の延長、書いたり計算したりする量の軽減、体育等での運動の内容を変更等）。

○1－2－1「情報・コミュニケーション及び教材の配慮」

　書字や計算が困難な子どもに対して上肢の機能に応じた教材や支援機器を提供する（書字の能力に応じたプリント、計算ドリルの学習にコンピュータを使用、会話が困難な子どもにはコミュニケーションを支援する機器（文字盤や音声出力型の機器等）の活用等）。

○1－2－3「心理面・健康面の配慮」

　下肢の不自由による転倒のしやすさ，車いす使用に伴う健康上の問題等を踏まえた配慮を行う（体育の時間における膝や肘のサポーターの使用、長距離の移動時の介助者の確保、車いす使用時の疲労に対する姿勢の変換及びそのためのスペースの確保等）。

出典：文献3)

2　補装具や自助具の活用

（1）補装具の活用

　補装具とは、障害者の日常生活及び社会生活を総合的に支援するための法律（以下、「障害者総合支援法」）において、「障害者等の身体機能を補完し、又は代替し、かつ、長期間にわたり継続して使用されるものその他の厚生労働省令で定める基準に該当するものとして、義肢、装具、車いすその他の厚生労働大臣が定めるものをいう」と定義されています。つまり、障害のある人の日常生活における移動や動作などの身体機能を補完又は代替し、かつ長期間にわたり継続して使用される用具のことです。具体的には、車いすや座位保持装置、上下肢装具、歩行器などです。厚生労働省は、「補装具の種目、購入等に要する費用の額の算定等に関する基準」において、補装具の種目として、表8-3に示すように、17品目を定めています[4]。

　障害者総合支援法により補装具費の支給を受ける場合は、身体障害者手帳を所持している者、若しくは、難病患者などで身体障害者手帳を所持してい

表8-3 補装具の種類

1. 義肢（義手、義足）
2. 装具（下肢、靴型、体幹、上肢）
3. 座位保持装置（姿勢保持機能付車いす、姿勢保持機能付電動車い 　　す、その他）
4. 視覚障害者安全杖
5. 義眼
6. 眼鏡（矯正眼鏡、遮光眼鏡、コンタクトレンズ、弱視眼鏡）
7. 補聴器
8. 人工内耳（人工内耳用音声信号処理装置の修理に限る）
9. 車いす
10. 電動車いす
11. 座位保持いす（障害児のみ）
12. 起立保持具（障害児のみ）
13. 歩行器
14. 頭部保持具（障害児のみ）
15. 排便補助具（障害児のみ）
16. 歩行補助杖
17. 重度障害者用意思伝達装置

出典：文献4）

る者と同等の障害を有していることが前提となっています。肢体不自由のある人が使用する装具は、日常生活での移動や姿勢保持のサポート、変形の予防、皮膚や関節を保護することなどを目的とする場合が多くなります。

　肢体不自由のある子どもが使用している補装具には、さまざまなものがあります。以下に、代表的なものを紹介します。

　1）車いす

　車いすは、身体の機能障害などによって歩行に困難のある人の「移動」を補助する手段として利用される福祉用具です。車いすの種類は、形や機能によって標準的なスタンダードタイプの他にも、いくつかのタイプがあります。

○多機能・モジュールタイプ

　車いすの各部品の動きや角度を自由に調節できるタイプです。利用者の体の大きさやニーズに合わせやすいという特徴があります。

○ティルト・リクライニングタイプ

　座面と背もたれが連動して倒れる機能を「ティルト」といい、背もたれの

みが倒れる機能を「リクライニング」といいます。倒れることにより、座位によるお尻や太ももにかかる体重を背中や腰に分散できるというメリットがあります。また、座位姿勢を長時間保つことが難しい子どもに対して、適用されることが多くあります。

○電動タイプ

バッテリーやモーターが搭載され、手元のコントローラー（ジョイスティック）を使って操作する車いすです。自操（自分で操作）できるタイプのものと、介助者が押すタイプがあります。

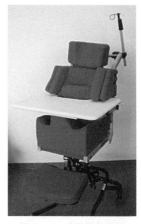

図8-1　座位保持装置
提供：株式会社ビーピーエス

2）座位保持装置

自力での座位保持が困難な場合、座位保持装置を車いすに搭載する形で補装具を作製することがあります（図8-1）。座位保持装置は、子どもの状態に合わせて適切な姿勢で座るための機能が備えられます。例えば、学習時と食事時では、適切ないすの高さが異なることがありますが、座位保持装置の多くは、いすの高さ調節ができるなど、目的に合わせたさまざまな調整が可能です。

3）装具

短下肢装具（図8-2）は、尖足や内反足の予防、足関節の支持性を高める

図8-2　短下肢装具　　　　　図8-3　長下肢装具

提供：株式会社徳田義肢製作所

ことなどを目的に作製します。また、長下肢装具（図8-3）は拘縮の進行予防や、装具による膝の支持がないと立位や歩行が困難な場合に作製することが多くなります。

上肢装具は、変形拘縮の予防や矯正を目的として使用されることが多くなります。また、体幹装具は、主に側弯の進行予防を目的として使用されます。

4）歩行器

歩行器には前方支持と後方支持の2種類があり、主に下肢体幹筋力が十分でない場合に適用されます。代表的な歩行器として、SRC（Spontaneous Reaction Control）ウォーカー（図8-4）やPC（Posture control）ウォーカー（図8-5）があります。

SRCウォーカーは前方支持型の歩行器で、前傾姿勢で胸パッドとサドルで体重を受けるため、下肢の力が弱い子どもでもわずかな動きで前進することができます。

PCウォーカーは後方支持型の歩行器で、体の側面に支持グリップがあり、体幹を伸展させて安定した姿勢が保持しやすくなっています。後輪にはストッパーがついていて、後退する心配もありません。

5）歩行補助杖

代表的な杖には、松葉杖とロフストランド杖（図8-6）があります。杖を使用して歩行をする子どもの多くは、安定性を欠くこともあり、坂道や階段

図8-4　SRCウォーカー
提供：株式会社有薗製作所

図8-5　PCウォーカー
提供：パシフィックサプライ株式会社

の昇降が難しい場合が多いです。また、杖と車いすを併用する子どももいますが、自ら車いすに移乗することやブレーキ操作、車いすのハンドリムを操作して移動することができる者は少なくなっています[3]。

6）重度障害者用意思伝達装置

重度障害者用意思伝達装置は、意思伝達機能を有するソフトウェアが組み込まれた専用機器（文字等走査入力方式）と、生体信号の検出装置と解析装置にて構成されるもの（生体現象方式）の2種類に大別されます。また、最近多く導入されて実践が行われている視線入力装置も対象となっています。重度障害者用意思伝達装置の一覧は、例えば、東京都障害者IT地域支援センターのウェブサイトなどで情報を入手することができます[5]。

図8-6　ロフストランド杖
提供：日進医療器株式会社

7）その他

日常生活用具として、移動用リフト、入浴補助用具、頭部保護帽、ネブライザー（吸入器）、電気式たん吸引器、紙おむつなどがあります。

（2）自助具の活用

1）自助具とは

自助具（self-help devices）とは、身体の不自由な人が日常生活で必要な作業を自分で行いやすくするために工夫された道具の総称であり、「福祉用具」に内包されます。学校では、教材・教具の一部として、活動に合わせたさまざまな自助具が活用されています。

福祉用具には、病気や障害のほか、加齢などが原因で、身体機能の低下による動作の困難を伴う方の自立や、介護する方の負担を軽減する役割があります。そのような福祉用具の中でも、身の回りの動作をなるべく自分でできるよう補助するものが自助具と呼ばれる道具です。具体的には、食事や入浴、着替え、排泄など、生活するうえでの基本動作を、可能な限り自分で容易に

図8-7　すくいやすいお皿
提供：三信化工株式会社

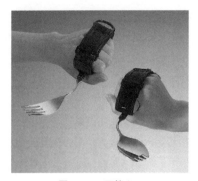

図8-8　万能カフ
提供：斉藤工業株式会社

行えるよう工夫された道具です。

　肢体不自由があっても、自助具を使うことにより可能になることはたくさんあります。個々に応じた自助具を活用することで、意欲的に取り組む機会が増えるなど、さまざまな効果が期待できます。

　2) 肢体不自由のある子どもが使用する自助具の例

　自助具は、使う人の生活環境や障害の状態に応じて、その使用目的と身体機能を理解したうえで選ぶことが大切です。

　例えば、食事に関して、グリップ部の材質や形状を工夫したり、上肢機能に合わせて角度をつけて変形させたり、柄を太くしたりすることにより握りやすくしたスプーンやフォークなどが使われています。また、返しのあるすくいやすいお皿などの食器もあります（図8-7）。万能カフ（図8-8）は、手の指の力が弱かったり、関節が変形したり硬くなっている人、まひのある人などが、筆記具やスプーン、フォーク、歯ブラシを持ったり、物を握る動作を補助するものです。他にも、ビンのフタや牛乳パック、ペットボトルなどを、少ない力で開けることができるオープナーや、片まひの人が主に使用する片手ばさみもあります。

　自助具の情報提供ウェブサイトとして、「生活便利用具（自助具）データベース」[6]などがあり、情報を入手することができます。

③　教材・教具や ICT の活用

（1）障害のある児童生徒の教科書

　小・中学校の特別支援学級及び特別支援学校の小・中学部で使用する教科用図書は、文部科学大臣の検定を経た教科用図書（以下「検定済教科書」という）、文部科学大臣が著作の名義を有する教科用図書（以下「著作教科書」）及び学校教育法附則第 9 条の規定による教科用図書（以下「一般図書」）があります。

　特別支援学校用の教科書として、視覚障害者用の点字教科書、聴覚障害者用の言語指導の教科書、知的障害者用の文部科学省著作教科書が作成されています。知的障害者用については、小学部・中学部段階の国語、算数・数学、音楽の 3 教科があります。

　特別支援学校及び小・中学校の特別支援学級に在籍する児童生徒の教科用図書については、検定済教科書及び著作教科書の当該学年用を使用するのが原則ですが、児童生徒の実態により当該学年の検定済教科書及び著作教科書を使用することが適切でない場合は、学校教育法附則第 9 条の規定による一般図書を選定することができます。

　また、近年の教育の情報化に伴い、2020 年度から実施されている学習指導要領を踏まえた「主体的・対話的で深い学び」の視点からの授業改善や、障害などにより教科書を使用して学習することが困難な児童生徒の学習上の支援のため、2018 年に「学校教育法」（昭和 22 年法律第 26 号）などの改正を行い、2019 年度より、視覚障害や発達障害などの障害により紙の教科書を使用して学習することが困難な児童生徒の学習上の困難を低減させる必要がある場合には、教育課程の全部において、紙の教科書に代えて学習者用デジタル教科書を使用することができることとなりました。特に、障害により教科書を使用して学習することが困難な児童生徒については、文字の拡大や音声読み上げなどの機能により、教科書の内容へのアクセスが容易となり、効果的に学習を行うことができるようになっています。

　今後、児童生徒向けの 1 人 1 台端末や高速大容量の通信ネットワークなど

の ICT 環境の整備の進展とともに、学習者用デジタル教科書の更なる活用が見込まれています。

　文部科学省は、GIGA スクール構想による児童生徒 1 人 1 台端末環境を見据え、デジタル教科書・教材の活用促進について専門的な検討を行うため、「デジタル教科書の今後の在り方等に関する検討会議」を 2020 年 6 月に設置し、2021 年 6 月に第一次報告を取りまとめています[7]。

(2) 児童生徒の実態に即した教材・教具の活用

　個々の児童生徒の指導・支援を充実させるためには、指導方法や一人ひとりの実態に応じた教材・教具を工夫することが重要になります。

　平成 23 年 8 月に改正された障害者基本法では、教育の条文である第 16 条において、国及び地方公共団体における障害者の教育に関する環境整備の一つとして、新たに「適切な教材等の提供」が追加されました。また、平成 24 年 7 月に取りまとめられた中央教育審議会初等中等教育分科会報告「共生社会の形成に向けたインクルーシブ教育システム構築のための特別支援教育の推進」においては、障害のある児童生徒が十分に教育を受けられるための合理的配慮の基礎となる環境整備の一つとして、「教材の確保」が明記されています。

　「障害のある児童生徒の教材の充実について（報告）」（文部科学省、2013）[8]では、今後の推進方策について次のように述べられています。

　　　障害のある児童生徒の学習支援のための教材は、これまでも各教員などの創意工夫により、紙や具体物を活用した教材から ICT を活用した教材までさまざまな教材が作成・活用されてきた。これらの教材について情報共有の推進や、より使用しやすい教材や支援機器の研究開発が不可欠であるとともに、今後は、ICT を活用した教材をこれまで以上に活用することにより、より効果的な学習支援につなげていくことが必要である。

　これからの学校教育においては、自作の教材・教具はもちろん、デジタル

教科書・教材や支援機器などを含め、個々の児童生徒の実態に即したICTの活用を進めていく必要があります。

(3) 姿勢や運動・動作、見ることの困難さに対する工夫

　肢体不自由のある子どもたちの中には、姿勢や運動・動作だけでなく、視覚や聴覚などの感覚機能の障害や言語・コミュニケーション障害を併せ有する子どももいます。さらに、脳性まひなどの子どもの中には、知覚や認知に偏りがあり、形の弁別が難しかったり、書いた文字の形が整わなかったりする場合があります。子どもの実態を的確に把握して、教材・教具の工夫を検討することが必要になります。

　例えば、一般的な学習机といすを使用している場合、気がつくと姿勢が崩れていることがあります。そのような場合、座位保持装置を用いなくても、座位姿勢をサポートするクッション（図8-9）などを用いて、姿勢保持をサポートすることが可能な場合もあります。

　見ることに関しては、教科書などを机上に置いたままだと前傾姿勢になり、姿勢が悪くなることがあります。教科書を読む場面などでは、書見台（ブックスタンド）（図8-10）を使うことで正しい姿勢を保持しながら教科書に視線を向けやすくすることができます。

　書くことに関しては、上肢操作に課題のある肢体不自由児にとって、通常の筆記具では細くて握りにくく、保持するのに力を要することがあります。そのような場合、太軸の鉛筆を使うことでそれらを解決できる可能性があり

図8-9　座位姿勢をサポートするクッション

提供：株式会社MTG

図8-10　書見台（ブックスタンド）

提供：株式会社アシスト

ます。また、円筒形や六角形よりも三角軸のもの
が持ちやすい場合もあります（図8-11）。

図8-11　太軸、三角軸の
シャープペンシル
提供：ステッドラー日本株式会社

（4）コミュニケーションの困難さに対する工夫

1）AAC の活用

肢体不自由のある子どものコミュニケーション指導・支援においては、AAC（Augmentative and Alternative Communication；拡大・代替コミュニケーション）の活用が欠かせません。AAC は、コミュニケーションに障害のある人が、残存する発声や身振り、支援機器などの活用によって、コミュニケーションの拡大を図ろうとするものです。その手段は、パソコンやタブレット端末、VOCA（Voice Output Communication Aid）などのさまざまな支援機器をはじめ、視覚シンボル、絵、写真、文字盤、視線や表情なども含み、音声言語（話しことば）を補ったり、音声言語の代わりをしたりする手段のすべてを含みます。

自立活動のコミュニケーションの区分に示されている項目の一つである「コミュニケーションの基礎的能力に関すること」は、「幼児児童生徒の障害の種類や程度、興味・関心などに応じて、表情や身振り、各種の機器などを用いて意思のやりとりが行えるようにするなど、コミュニケーションに必要な基礎的な能力を身に付けることを意味している」（学習指導要領解説自立活動編）[9]とあります。このような指導では、AAC による指導・支援が必要になります。

2）AAC 手段の種類と特性

AAC で用いられるさまざまなコミュニケーション手段は、その表現手段の特性から表8-4のように分類されます。自分の身体以外に機器や絵カー

表8-4　AAC 手段の分類

	音声系	非音声系
補助系	合成音声、デジタル処理音声（VOCA、パソコン、タブレット端末等を含む）	文字、実物、絵、写真、図形シンボル等
非補助系	音声言語（発声）	視線、表情、身振り、手指サイン等

ドなどの補助的な手段を用いるかどうかによって補助系と非補助系に分けられ、さらに音声が表出されるかどうかによって音声系と非音声系に分けられます。補助系で使用されるエイドは、音声系に分類されるパソコンやタブレット端末、VOCA のような音声が出力されるハイテク・エイドと、文字盤やシンボル、絵カードなどのような非音声系に分類されるローテク・エイドがあります。このような、コミュニケーションを支援するために用いる手段を総称してコミュニケーション・エイドと呼んでいます。

VOCA は音声を出力することができるコミュニケーション機器です（図8-12）。音声が出力されるため、相手がメッセージに気づきやすく、伝達内容が容易に伝わります。また、音声が発信者にも聴覚的にフィードバックされることや、機種によってはよく使用するメッセージや語彙を豊富に登録したり、表出したメッセージを印刷・保存したりすることができることなどの特徴があります。

絵カードやシンボル、サインなどのコミュニケーション手段は、非音声系に分類される視覚系の AAC 手段です。シンボルの数や図柄はそれぞれのシンボルでかなり異なり、具象性の高いものから低いものなど、多くの種類があります。

サイン系としては、マカトン法サイン言語などがあります。ある程度体系化されていて、自分の身体以外に道具（補助）を必要とせず、伝達の即時性が高いといえます。上肢の操作性に困難さがある場合は、正確なサインの表出は難しくなります。しかし、日常的に使用頻度が高い語彙については、オリジナルな身振りサインでも、周囲が共通理解することによって伝達効率がよくなります。

肢体不自由の状態によっては、サイン系の表出が難しかったり、タブレットの画面を触ったり、スイッチを押したりすることが困難な場合があります。最近では、視線入力（制御）による多機能コミュニケーション装置の開発も進み（図8-13）、国から認められている補装具費支給制度の適用となる製品もあり、安価に視線入力環境を用意することができるようになってきました。また、音声で操作が可能なスマートスピーカーの検索機能や環境制御機能を活用した実践も進められています[10]。

図8-12　VOCA の例

提供：パシフィックサプライ株式会社

図8-13　視線入力装置

提供：株式会社クレアクト

(5) ICT や教材に関する学習指導要領などの記述

　学校における ICT の活用は、新型コロナウィルス感染症の感染拡大によって、子どもたちの学びを保障する手段としてのオンライン授業や、これまでも取り組まれてきた遠隔教育などが、GIGA スクール構想も相まって一気に進展してきました。学校教育において、今後さらに ICT の活用が進んでいくと考えられます。

　特別支援学校学習指導要領において、各障害種共通に示されている「児童生徒の情報活用能力の育成について」では、「各学校においては、児童又は生徒の障害の状態や特性及び心身の発達の段階などを考慮し、言語能力、情報活用能力（情報モラルを含む）、問題発見・解決能力などの学習の基盤となる資質・能力を育成していくことができるよう、各教科などの特質を生かし、教科等横断的な視点から教育課程の編成を図るものとする」とされ、このような情報活用能力の育成を図るため、「各学校において、コンピュータや情報通信ネットワークなどの情報手段を活用するために必要な環境を整え、これらを適切に活用した学習活動の充実を図ること。また、各種の統計資料や新聞、視聴覚教材や教育機器などの教材・教具の適切な活用を図ること」と示されています[11]。この情報活用能力は、学習の基盤となる資質・能力として重要であり、ICT を含む教材・教具の適切な活用が求められています。

　各教科などの指導に当たっては、情報手段や教材・教具の活用を図ることと、配慮事項が示されています。また、指導計画の作成と各学年にわたる内容の取扱いにあたって、肢体不自由者である児童に対する教育を行う特別支

援学校における配慮事項として、「児童の身体の動きや意思の表出の状態等に応じて、適切な補助用具や補助的手段を工夫するとともに、コンピュータ等の情報機器などを有効に活用し、指導の効果を高めるようにすること」と示されています[12]。

自立活動の指導における ICT の活用に関しては、「書くことの困難さを改善・克服するためには、口述筆記のアプリケーションやワープロを使ったキーボード入力、タブレット型端末のフリック入力などが使用できることを知り、自分に合った方法を習熟するまで練習すること」や、「上肢にまひがあり、文字や図形を書くことが難しい場合には、コンピュータ等を活用して書くことを補助することによって、学習を効果的に進めることができること」、「上肢操作の制限から、文字を書いたりキーボードで入力したりすることが困難な場合に、画面を一定時間見るために頭部を保持しながら、文字盤の中から自分が伝えたい文字を見ることで入力のできるコンピュータ等の情報機器を活用し、他者に伝える成功体験を重ねることが大切であること」などの、具体的な指導内容例が示されています。

このように、学習指導要領においても、積極的に ICT を活用することが想定されています。また、統合型校務支援システムなど、校務における ICT 活用も進められています。

ICT を活用していくには、児童生徒がコンピュータや情報通信ネットワークなどの情報手段に慣れ親しみ、適切に活用できるようにすることが重要になります。また、教師がこれらの情報手段や視聴覚教材、教育機器を適切に活用することも重要です。

＊　　＊

肢体不自由のある子どもたちの生活や学習を豊かにするために、ICT 機器を含む教材・教具は大きな役割を果たします。国立特別支援教育総合研究所の「特別支援教育支援教材ポータルサイト」[13] では、特別支援教育の教材や支援機器、学校での実践事例、教育委員会・教育センターなどの教材・支援機器に関する情報が紹介されていますので、参考にしてください。

引用・参考文献

1) 中央教育審議会初等中等教育分科会（2012）「共生社会の形成に向けたインクルーシブ教育システム構築のための特別支援教育の推進（報告）」。https://www.mext.go.jp/b_menu/shingi/chukyo/chukyo3/044/houkoku/1321667.htm（2022年12月6日最終閲覧）

2) 文部科学省（2012）「障害のある子どもが十分に教育を受けられるための合理的配慮及びその基礎となる環境整備」。https://www.mext.go.jp/b_menu/shingi/chukyo/chukyo3/siryo/attach/1325887.htm（2022年10月30日最終閲覧）

3) 文部科学省（2021）「障害のある子供の教育支援の手引～子供たち一人一人の教育的ニーズを踏まえた学びの充実に向けて～」。https://www.mext.go.jp/a_menu/shotou/tokubetu/material/1340250_00001.htm（2022年12月6日最終閲覧）

4) 厚生労働省（2022）「補装具の種目、購入等に要する費用の額の算定等に関する基準」（第13次改正 令和4年3月31日厚生労働省告示第129号）。https://www.mhlw.go.jp/content/000922363.pdf（2022年12月6日最終閲覧）

5) https://www.tokyo-itcenter.com/700link/ishi-s-10.html（2022年12月6日最終閲覧）

6) 公益財団法人テクノエイド協会：https://www7.techno-aids.or.jp/jijogu/goods_list.php?list_mode=img_small（2022年12月6日最終閲覧）

7) 文部科学省（2021）「デジタル教科書の今後の在り方等に関する検討会議（第一次報告）」。https://www.mext.go.jp/content/20210607-mxt_kyokasyo01-000015693_1.pdf（2022年12月6日最終閲覧）

8) 文部科学省（2013）「障害のある児童生徒の教材の充実について（報告）」。https://www.mext.go.jp/a_menu/shotou/tokubetu/material/1339114.htm（2022年12月6日最終閲覧）

9) 文部科学省（2018）「特別支援学校教育要領・学習指導要領解説自立活動編（幼稚部・小学部・中学部）」。https://www.mext.go.jp/component/a_menu/education/micro_detail/__icsFiles/afieldfile/2019/02/04/1399950_5.pdf（2022年12月6日最終閲覧）

10) 藤本圭司・木村隼斗・三戸昭代・船橋篤彦（2022）「肢体不自由のある児童生徒におけるICT機器活用の実践研究——スマートスピーカーの活用による学習支援・生活の充実に着目して」、『広島大学特別支援教育実践センター研究紀要』第20号、67-74頁。

11) 文部科学省（2018）「特別支援学校教育要領・学習指導要領解説総則編（幼稚部・小学部・中学部）」。https://www.mext.go.jp/component/a_menu/education/micro_detail/__icsFiles/afieldfile/2019/02/04/1399950_3.pdf（2022年12月6日最終閲覧）

12) 文部科学省（2018）「特別支援学校教育要領・学習指導要領解説各教科等編（小学部・中学部）」。https://www.mext.go.jp/component/a_menu/education/micro_detail/__icsFiles/afieldfile/2019/02/04/1399950_4.pdf（2022年12月6日最終閲覧）

13) http://kyozai.nise.go.jp（2022年12月6日最終閲覧）

（吉川知夫）

第 9 章

就学前の療育・保育・教育と進路指導・就労支援

　ここでは、まず就学前の支援として、①療育などの通所支援の活用、②医療型児童発達支援センターの概要、③幼稚園・保育所・認定こども園での対応、④就学に向けての対応について述べます。次に進路指導・就労支援として、①学齢期から卒業後への移行、②卒業後の日中活動、③肢体不自由者の就労、④肢体不自由者の進学、⑤キャリア教育の必要性について述べます。

① 就学前の支援

　2021（令和3）年、「新しい時代の特別支援教育の在り方に関する有識者会議報告」がまとめられ、障害のある子どもの学びの場を検討するための「教育支援資料」の内容充実の必要性が指摘されました。このことを踏まえ、同年、文部科学省による「教育支援資料～障害のある子どもの就学手続と早期からの一貫支援の充実～」（2013年）が、「障害のある子どもの教育支援の手引～子どもたち一人一人の教育的ニーズを踏まえた学びの充実に向けて～」に改訂されました。この手引では、早期からの一貫した教育支援の重要性が指摘され、障害の状態などに応じた教育的対応として、肢体不自由においても早期からの教育的支援の充実が目指されています[1]。

（1）療育などの通所支援の活用

　肢体不自由の起因となる疾患にはさまざまなものがありますが、最も多くの割合を占めているのが脳原性疾患であり、その主なものは脳性まひです。脳性まひの発生原因は生後4週間までに生じ、その症状は2歳までに発現す

表9-1　身近な地域で必要な支援を受けるための重点事項

1. 通所による支援（障害児通所支援）と入所による支援（障害児入所支援）に体系化することにより、重複した障害に対応するとともに、サービスの質と量を確保し、身近な地域で必要なサービスが受けられるようにする。 2. 負担能力に応じた利用者負担を原則とする。 3. 18歳以上の障害児施設入所者に対し、年齢に応じた支援を実施するため、原則として障害者総合支援法のサービスを提供する。

出典：文献2)

るとされています[3]。脳性まひについては、早期発見とチームアプローチによる早期からの総合的療育の必要性が指摘されています[4]。

　脳性まひに限らず、早期に発現する疾患の場合は、子どもや保護者は就学前の早い段階から療育に関わり、必要に応じて、通所支援などの福祉サービスの利用をしています。以下、主に就学前の段階での通所支援について概観します。

　通所支援などの福祉サービスは「児童福祉法」によるものです。2012（平成24）年の改正により、障害児及びその家族が、身近な地域で必要な支援を受けられるようにするため、これまで障害種別に分かれていたサービス給付の体系が、「通所による支援（障害児通所支援）」と「入所による支援（障害児入所支援）」のそれぞれに体系化されました。また、地域での支援を強化するため、新たに保育所等訪問支援や障害児相談支援等が創設されました[5]。児童福祉法では、障害児及びその家族が、身近な地域で必要な支援を受けられるようにするため、表9-1で示した3点に重点が置かれています[2]。

　就学前も含めて利用できる児童福祉法に基づくサービスには、大きくは障害児通所支援、障害児入所支援、障害児相談支援の三つがありますが、ここでは通所支援について述べます。通所支援には、表9-2に示すとおり、児童発達支援、医療型児童発達支援、放課後等デイサービス、保育所等訪問支援、居宅訪問型児童発達支援があります。

（2）医療型児童発達支援センターの概要

　医療型児童発達支援センター（以下、「医療型」と略記）は、主に肢体不自由児が通所し、治療を受けるとともに、日常生活の自立に向けた指導・訓練

表9-2　障害児通所支援の内容

児童発達支援	障害児に日常生活における基本的な動作の指導、知識技能の付与、集団生活への適応訓練等を行う
医療型児童発達支援	障害児に日常生活における基本的な動作の指導、知識技能の付与、集団生活への適応訓練及び治療等を行う
放課後等デイサービス	就学している障害児に、放課後や長期休暇中において、生活能力の向上のために必要な訓練や社会との交流促進の活動等を行う
保育所等訪問支援	保育所等を訪問し、当該施設を利用する障害児に、集団生活への適応のための専門的な支援等を行う
居宅訪問型児童発達支援	重度の障害等の状態にある障害児であって、障害児通所支援を利用するために外出することが著しく困難な障害児に発達支援が提供できるよう、障害児の居宅を訪問して発達支援を行う

出典：文献2）をもとに作成

表9-3　主な発達支援などの提供総時間に占める各支援の提供時間の割合

年齢	短時間（4時間未満）利用		長時間（4時間以上）利用	
0～3歳	食事・おやつ	30.5%	食事・おやつ	15.4%
	専門的訓練	19.1%	昼寝・休憩	13.4%
	設定遊び	13.2%	設定遊び	11.6%
	自由遊び	11.7%	専門的訓練	9.5%
4～6歳	設定遊び	13.2%	食事・おやつ	18.1%
	食事・おやつ	30.5%	設定遊び	15.8%
			自由遊び	11.8%
			昼寝・休憩	10.0%

出典：文献6）

を受けることができるところで[2]、2021（令和3）年2月現在、全国に89か所設置されています[7]。ここではその概要について述べます。

　医療型の対象は、肢体不自由があり理学療法などの機能訓練又は医学管理下での支援が必要と認められた障害児、となっています[8]。サービス内容は、表9-2にあるとおり、障害児に日常生活における基本的な動作の指導、知識技能の付与、集団生活への適応訓練及び治療などを行うこととなっていますが、実際の状況として、表9-3のような調査結果が報告されています[6]。

　肢体不自由のある子どもが医療型に通う場合は、医療機関と同一建物等の事業所が行う児童発達支援等の前後の時間でリハビリテーションを受けてい

ます。一方、医療型以外の児童発達支援センターに通う場合は、児童発達支援や放課後等デイサービスを利用しつつ、必要なリハビリテーションは医療機関で別途に受けるといった支援がなされています。

　また、医療型を含む児童発達支援センターは、表9−2にある保育所など訪問支援を行っており、保育所などを訪問し、当該施設を利用する障害児に、集団生活への適応のための専門的な支援も行っています。肢体不自由を含む障害のある子どもが集団生活を営む施設を訪問し、当該施設における障害のない子どもとの集団生活への適応のための専門的な支援として二つのことが実施されています。一つは、障害児本人に対する支援（集団生活適応のための訓練など）です。もう一つは、訪問先施設のスタッフに対する支援（支援方法の指導など）です。

　支援は2週に1回程度を目安とし、当該の子どもの状況、時期によって頻度は変化します。支援の対象となる人数、保育所などの事業所数は年々増え続けている状況にあります[8]。

（3）幼稚園・保育所・認定こども園での対応

　肢体不自由のある子どもは、就学前には療育機関のみに通う場合もありますが、並行して幼稚園や保育所、認定こども園に通ったり、幼稚園などを中心としながら必要に応じて、外部機関や関連サービスを活用したりする場合があります。数は多くありませんが、特別支援学校の幼稚部に通う場合もあります。以下、幼稚園などでの肢体不自由児を含めた障害のある子どもへの対応の状況について解説します。

1）幼稚園教育要領などでの解説

　文部科学省、厚生労働省及び内閣府は、「幼稚園教育要領解説」、「保育所保育指針解説及び幼保連携型認定こども園教育・保育要領解説」の中で、障害のある幼児への対応について、当該幼児の障害の状態や特性および発達の程度に応じて、発達を全体的に促していく必要性についてそれぞれ述べています[9] [10] [11]。

　これらのうち、「幼稚園教育要領解説」および「幼保連携型認定こども園教育・保育要領解説」においては、肢体不自由のある子どもへの対応例とし

て、園児が興味や関心をもって進んで体を動かそうとする気持ちがもてるように工夫するなど、当該園児の障害の種類や程度に応じた配慮が指摘されています[9)][10)]。また、個に応じた指導内容や指導方法の例として、自分の身体各部位を意識して動かすことが難しい場合、さまざまな遊びに安心して取り組むことができるように、当該園児が容易に取り組める遊具を活用した遊びを通して、基本的な動きから徐々に複雑な動きを体験できるよう活動内容を用意し、成功体験が積み重ねられるようにするなどの配慮についても紹介されています。

　一方で、障害の種類や程度のみで指導内容や指導方法が決まるわけではなく、一人ひとりの障害の状態などにより、生活上などの困難が異なることに十分留意し、個々の園児に応じた指導内容や指導方法の工夫を検討し、適切な指導を行うことが重要とされています。

2）外部との連携

　あわせて、園内・所内での対応に加え、支援の充実のためにも外部の機関との連携や関連サービスの活用も重要になります。「幼稚園教育要領解説」、「幼保連携型認定こども園教育・保育要領解説」においては、その例として、特別支援学校などの助言又は援助を活用しつつ、個々の園児の障害の状態などに応じた指導内容や指導方法の工夫を組織的かつ計画的に行う必要性について述べています。また、「保育所保育指針解説」においては、地域や前述の児童発達支援センターのような関係機関との連携について、表9-4のようにより詳しい例が述べられています[10)]。

　このように、幼稚園や保育所、認定こども園においても、個々の実態に合わせた配慮をするとともに、必要に応じて、外部機関との連携や関連サービスを活用しながら肢体不自由のある子どもへの保育が行われています。

（4）就学に向けての対応

1）就学に向けた手続き

　就学への移行期における教育支援の在り方は、特に重要です。その理由としては①本人及び保護者の期待と不安が大きいこと、②就学移行期は子どもの成長の節目と対応していること、③子ども一人ひとりの教育的ニーズに応

表9-4　保育の充実のための関係機関との連携

障害のある子どもの保育に当たっては、専門的な知識や経験を有する地域の児童発達支援センター・児童発達支援事業所（以下「児童発達支援センター等」という。）・児童発達支援を行う医療機関などの関係機関と連携し、互いの専門性を生かしながら、子どもの発達に資するよう取り組んでいくことが必要である。そのため、保育所と児童発達支援センター等の関係機関とが定期的に、又は必要に応じて話し合う機会をもち、子どもへの理解を深め、保育の取組の方向性について確認し合うことが大切である。具体的には、児童発達支援センター等の理念や保育内容について理解を深め、支援の計画の内容を保育所における指導計画にも反映させることや、保育所等訪問支援や巡回支援専門員などの活用を通じ、保育を見直すこと等が考えられる。 　また、就学する際には、保護者や関係する児童発達支援センター等の関係機関が、子どもの発達について、それまでの経過やその後の見通しについて協議を行う。障害の特性だけではなく、その子どもが抱える生活のしづらさや人との関わりの難しさなどに応じた、環境面での工夫や援助の配慮など支援のあり方を振り返り、明確化する。これらを踏まえて、就学に向けた支援の資料を作成するなど、保育所や児童発達支援センター等の関係機関で行われてきた支援が就学以降も継続していくよう留意する。

出典：文献10)

じた適切な学校や学びの場を検討する必要があることなどがあげられます[12]。

　肢体不自由を含めた障害のある子どもの就学先決定は、図9-1に示したような流れで進められます。障害のある子どもの就学先の決定は、可能な限り本人・保護者の意向を尊重して、最終的には市区町村教育委員会が行います[1]。

　就学手続きが開始される前の段階で、市区町村教育委員会には、次のような機会の設定が求められています。

・就学に関する啓発資料の配付などを通じた情報提供
・就学説明会の実施
・就学に関する事前の教育相談、学校見学、体験入学などの実施
・先輩の保護者や障害当事者などの経験に学ぶ機会の設定

　これらの学校公開や説明会などにおいては、本人及び保護者だけでなく、幼稚園・保育園・認定こども園などの関係者にも働きかけて、理解につなげている例も少なくありません。

　なお、就学先決定の際の最も重要なプロセスの一つが、本人、保護者、学校、教育委員会による合意形成です。①子どもの教育的ニーズと必要な支援

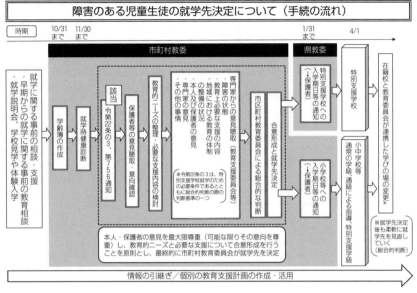

図9-1　障害のある子どもの就学先決定について

出典：文献12)

内容、②必要な合理的配慮の内容、③必要に応じた学びの場の見直しなどについての合意形成が必要となります[1]。

2）柔軟な学びの場の検討

　就学時に決定した学校や学びの場は、固定したものではなく、それぞれの子どもの発達の程度、適応の状況などを勘案しながら、小・中学校等から特別支援学校へ、あるいは特別支援学校から小・中学校等へといったように、双方向での転学などができること、新たに通級による指導の開始や終了ができること、特別支援学級から通常の学級への学びの場の変更ができることなどを、すべての関係者が共通理解することが重要です。

　その際、例えば、小・中学校等に進学した場合でも、特別支援学級という学びの場がよいのか、通級による指導を行う方がよいのか、通常の学級における指導を基本とするのがよいのかについても、子どもの教育的ニーズを踏まえて、常に変化しうることを、すべての関係者が認識する必要があります[12]。

子どもにとっての適切な教育を行うためには、就学時のみならず就学後も引き続き教育相談を行う必要があります。また、学校内の指導体制の整備を進めながら、教育相談や関係者間の会議などを継続的に行い、必要に応じて学校や学びの場を柔軟に変更できるようにしていくことが大切です。

3）就学に向けた実態把握や特別な指導内容、合理的配慮等の検討

　肢体不自由のある子どもにとって適切な就学先となる学校や学びの場を検討するためには、子ども一人ひとりの教育的ニーズを整理する必要があります。

　まず、実態把握としては、第2章で述べられている肢体不自由の状態などについて本人や保護者から情報を収集するとともに、学校で集団生活を送るための情報として、幼稚園・保育所・認定こども園、児童発達支援施設などから遊びの中での友達との関わりや興味や関心、社会性の発達などについても把握しておきます。

　次に、肢体不自由のある子どもに対する特別な指導内容を検討する際には、①姿勢、②保有する感覚の活用、③基礎的な概念の形成、④表出・表現する力、⑤健康及び医療的なニーズへの対応、⑥障害の理解などの視点から整理をすることが必要となります。

　また、学習への参加や学習内容の理解などが可能となるように、肢体不自由のある子どもに対して、個々に応じた合理的配慮を行う必要があります。以下、中央教育審議会初等中等教育分科会が示した観点例（2012）に沿い、合理的配慮の例をいくつかあげます[13]。

　ア　学習上又は生活上の困難を改善・克服するための配慮の例

　　道具の操作の困難や移動上の制約などを改善できるように配慮する（片手で使うことができる道具の効果的な活用、校内の移動しにくい場所の移動方法について考えること及び実際の移動の支援など）。

　イ　学習機会や体験の確保の例

　　経験の不足から理解しにくいことや、移動の困難さから参加が難しい活動については、一緒に参加することができる手段などを講じる（新しい単元に入る前に新出の語句や未経験と思われる活動のリストを示し予習できるようにする、車いす使用の子どもが栽培活動に参加できるよう高い位置

に花壇を作るなど）。

ウ　心理面・健康面の配慮の例

　　下肢の不自由による転倒のしやすさ、車いす使用に伴う健康上の問題などを踏まえた配慮を行う（体育の時間における膝や肘のサポーターの使用、長距離の移動時の介助者の確保、車いす使用時の疲労に対する姿勢の変換及びそのためのスペースの確保など）。

② 進路指導と就労支援

　次に進路指導・就労支援として、①学齢期から卒業後への移行、②卒業後の日中活動、③肢体不自由者の就労、④肢体不自由者の進学、⑤キャリア教育の必要性について述べます。

（1）学齢期から卒業後への移行

　肢体不自由のある子どもが、将来の進路を主体的に選択できるよう、子ども一人ひとりの実態や進路希望などを的確に把握し、早い段階からの進路指導の充実を図ることが大切です。その際、進学した場合に必要な教育上の合理的配慮を含む支援の内容の整理など、子ども一人ひとりの教育的ニーズを踏まえた早期の準備が必要です。また、就職を希望する生徒に対しては、企業などへの就職が職業的な自立を図る上で有効であることから、学校は労働関係機関などとの連携を密にした就労支援を進めることが大切になります。さらに、卒業後に福祉サービスを利用した、いわゆる福祉的就労などに進むことも想定されることから、障害福祉担当部局などとの連携を進めることも必要です[12]。

　文部科学省は、2020（令和2）年3月卒業の特別支援学校高等部（本科）卒業者の状況（国・公・私立計）の結果を公表しています[14]。特別支援学校（肢体不自由）の卒業者1,799人については、進学者38人（2.1%）、教育訓練機関等入学者23人（1.3%）就職者等110人（6.1%）、社会福祉施設等入所・通所者1,530人（85.0%）、その他96人（5.3%）となっています。社会福祉施設等入所・通所者の割合（85.0%）が最も大きく、視覚障害、聴覚障害、知的

表9-5　特別支援学校高等部（本科）卒業者の状況（国・公・私立計）

区分	卒業者数	進学者				教育訓練機関等入学者		就職者等		社会福祉施設等入所・通所者		その他	
		大学等	専攻科	計	割合	人数	割合	人数	割合	人数	割合	人数	割合
視覚障害	217	44	32	76	35.0	13	6.0	15	6.9	96	44.2	16	7.4
聴覚障害	470	98	62	160	34.0	24	5.1	179	38.1	85	18.1	18	3.8
知的障害	19,654	9	74	83	0.4	252	1.3	6,754	34.4	11,744	59.8	757	3.9
肢体不自由	1,799	37	1	38	2.1	23	1.3	110	6.1	1,530	85.0	96	5.3
病弱・身体虚弱	375	17	1	18	4.8	27	7.2	74	19.7	207	55.2	48	12.8
計	22,515	205	170	375	1.7	339	1.5	7,132	31.7	13,662	60.7	935	4.2

出典：文献14）をもとに作成　　＊割合の単位は％

障害、肢体不自由、病弱・身体虚弱と比べても、最も大きくなっています
（表9-5）。

（2）卒業後の日中活動

　学校を卒業し学校を中心とした生活から、日中活動系の福祉サービスを主
軸とした生活になります。日中活動とは、福祉サービスを活用した昼間の活
動を意味します。厚生労働省による第6期障害福祉計画・第2期障害児福祉
計画（令和3～5年度）の障害福祉サービスの提供体制の確保に関する基本
的な考え方の一つに「希望する障害者等への日中活動系サービスの保障」と
いうものがあります[15]。

　日中活動系の障害福祉サービスは、介護給付や訓練等給付として、障害者
に個別に支給されるものです。富田（2019）を参考にすると、日中活動に関
する主なものは、介護給付の「生活介護」と、訓練等給付の「自立訓練」、
「就労継続支援」、「就労移行支援」があり、それぞれの特徴を表9-6のよう
に説明しています[16]。これらの福祉サービスの体系全体を概観したものを本
書第10章に掲載していますが、ここでは、日中活動系のものについてのみ、
解説します[17]。

表9-6　日中活動系の障害福祉サービス

1）生活介護と自立訓練

　生活介護は、主に昼間において、入浴、排せつ、食事などの介護や日常生活上の支援に加えて、創作的活動や生産活動の機会の提供、その他の身体機能又は生活能力の向上のために必要な支援を行います。企業からの下請け作業や自主生産品の製作などの生産的活動もありますが、日中の「居場所」としての役割も大きくなっています。

2）自立訓練

　自立訓練には、「機能訓練」と「生活訓練」がありますが、いずれのサービスも、特別支援学校を卒業した人、入所施設や病院を退所・退院した人が対象に想定されています。

　機能訓練は、主に身体障害や難病のある人に対して、理学療法や作業療法などを活用した支援を行うことで、身体機能と生活能力の維持・向上などを目指しています。生活訓練は、知的障害や精神障害のある人を中心に、食事や洗濯、清掃といった家事などの日常生活を営む能力を獲得することを目的としており、宿泊型での訓練も行われます。

3）就労継続支援と就労移行支援

　就労継続支援は、一定の支援を受けながら、就労に向けた訓練を受けます。福祉的就労とも呼ばれており、A型（雇用型）とB型（非雇用型）に分かれています。「就労継続支援A型」は、利用者と事業者との間で雇用契約を結び、労働基準法に基づいて業務（訓練）を行います。地域の最低賃金に応じて工賃が支払われますので、一定の就業能力が求められます。「就労継続支援B型」は、継続的な就労機会の提供を担います。生産活動を行い、希望する場合には、一般就労に向けた支援を行いますが、A型と違い、雇用契約は結ばないため、最低賃金の適用はなく、工賃は低くなります。

　就労移行支援は、企業などでの一般就労を目指して支援を行います。就労支援継続支援とは異なり、就労支援員を配置し、面接練習や職場の開拓、就職後の定着支援などを行います。

出典：文献16）を参考に筆者が作成

（3）肢体不自由者の就労

　前述の2020（令和2）年の文部科学省の調査では、特別支援学校（肢体不自由）高等部（本科）卒業者の就職者等の割合（6.1%）は、視覚障害、聴覚障害、知的障害、病弱・身体虚弱と比べて最も小さくなっています。最も割合が大きい聴覚障害（38.1%）、知的障害（34.4%）と比べるとその小ささがわかります。特別支援学校（肢体不自由）高等部（本科）卒業者職業別就職者数の内訳をみると、最も多いのが、事務従事者の51人、そしてサービス職業従事者9人、製造・加工従事者7人が続いています[14]。

　肢体不自由を含めた障害者の雇用を支える法律が「障害者の雇用の促進等に関する法律」（以下、障害者雇用促進法）です。2013（平成25）年に一部が改正され、障害者に対する差別の禁止、合理的配慮の提供義務が盛り込まれ

ました。雇用の分野における差別の禁止として、障害を理由とした採用時の差別や低賃金の設定などが禁じられています。また、事業主は、肢体不自由者を含めた障害者が働く上での支障を除去する合理的配慮の提供が求められています[17]。

　障害者雇用促進法では、企業や国・地方公共団体などの機関が雇用する人のうち、一定の割合で障害者を雇用することが義務づけられています（法定雇用率）。2021（令和3）年3月より、法定雇用率は、民間企業は2.3%、特殊法人等は2.6%、国・地方公共団体は2.6%、都道府県等の教育委員会は2.5%となっています[18]。それぞれ、雇用率の達成が求められますが、障害者を雇用するためには、作業施設や作業設備の改善、職場環境の整備、特別の雇用管理などが必要となります。そのために、健常者の雇用に比べて一定の経済的負担を伴うことから、障害者を多く雇用している事業主の経済的負担を軽減し、事業主間の負担の公平を図りつつ、障害者雇用の水準を高めることを目的として「障害者雇用納付金制度」が設けられています[19]。

（4）肢体不自由者の進学

　前述の調査の特別支援学校（肢体不自由）高等部（本科）卒業者の進学者38人（2.1%）は、最も割合が大きい視覚障害（35.0%）、聴覚障害（34.0%）と比べると小さくなっています。一方で、進学者の内訳をみると、視覚障害では76人中32人（42.1%）、聴覚障害では160人中62人（38.6%）が専攻科進学であり、大学進学者がそれぞれ、76人中44人（57.9%）、160人中98人（61.4%）となっているのに対し、肢体不自由の大学進学者は38人中37人（97.4%）であり、大学進学の割合の大きさが特徴的といえます[14]。

　肢体不自由を含めた障害学生の大学での学びを支援する取組みとして、文部科学省（2017）は「障害のある学生の修学支援に関する検討会報告（第二次まとめ）」を公表し、障害者差別解消法で示された「不当な差別的取扱い」や「合理的配慮」についての大学などにおける基本的考え方と対処、教育方法や進学、就職など、主要課題において各大学が取り組むべき内容や留意点について言及しています[20]。

　名川（2019）は、肢体不自由のある学生の修学において起こりがちな困難

さの例（制限・制約）として、①操作の制約、②移動の制約、③生活上の制約、健康管理上の制約と言った３つの観点をあげた上で、学習時と試験時（入試を含む）の合理的配慮の例をあげています。学習時の例としては、アクセスしやすい教室への変更、必要な動線の確保、身体や車いすの利用に適した机の用意などについて、試験時の例としては、アクセスしやすい受験場・教室の割り当て、拡大解答用紙、時間延長の許可などをあげています[21]。

(5) キャリア教育の必要性

　卒業後に向け、学齢期の段階から卒業後につながる指導をしていく必要があります。通勤の難しい肢体不自由者の在宅雇用を進める企業の社長である堀口（2022）は、学校で身につけてほしい力として、①社会力、②情報通信技術、③自己管理能力をあげています[22]。それらの力は、学校卒業の間際にすぐに身につくものではなく、早い段階から着実に積み上げていく必要があります。そのための教育がキャリア教育です。

　武富（2019）は、我が国のキャリア教育は、高等部（高等学校）段階のみならず、幼稚部（幼稚園）・小学部（小学校）・中学部（中学校）段階を含めてライフステージに応じて社会的・職業的自立を目指した活動として展開する必要性が認識されてきたことを指摘しています[23]。若杉（2022）は、小学部・中学部・高等部それぞれの段階におけるキャリア教育の目当てとして、表9−7に示した内容を述べています[24]。

　一方、いわゆる重い障害のある子どものキャリア教育についてはどう考えればよいでしょうか。坂本（2022）は、重い障害のある子どもへのキャリア発達支援として、ワークキャリアのみならず、ライフキャリアも踏まえて、キャリア発達を促していく視点の必要性を指摘しています。併せて、そのためには、キャリアは人の生き方に関わるものであることを前提とすることや、「はたらくこと」が労働に対して賃金を得ることのみならず、それ以外の生活における役割を含めた多様な形態があることを理解する必要性についても指摘しています[25]。

　このような視点も大事にしながらキャリア教育を展開していく必要があります。

表9-7　各学部段階でのキャリア段階の目当て

学部	指導の方向性等	キャリア教育の目当て
小学部	発達としては未分化な側面を有するため、将来を見通した具体的な指導が必要	生活スキルを身につけること、職業及び家庭・地域生活に関する基礎的スキルを習得すること、意欲、自分で考えて自ら取り組む力、人との関わりや働くことへの夢や期待を育てること等
中学部	基礎的スキルを生活の場で般化できる、変化に対応する力としていくことが大切	自らのよさや仲間のよさについて理解を深めること、職業の意義や価値を知ること、自らの適性に気づき、やりがいや充実感を感じられるようにすること等
高等部	企業や福祉事業所で働くことを前提とした指導を実施。職業体験を通して職業関連知識・技術を得ることを目指す	自らの適性の理解ややりがいに基づいた意思決定、働くことの知識・技術の獲得と必要な態度の形成、必要な支援を適切に求め、指示・助言を理解して実行する力の育成、職業生活に必要な習慣形成、経済生活に必要な知識と余暇の活用等

出典：文献24)

*　　*

　ここまで就学前及び卒業後について述べてきました。学齢期にとどまらない切れ目のない支援と関連したものとして、2003（平成15）年度から実施された障害者基本計画においては、教育、医療、福祉、労働などが連携協力を図り、障害のある子どもの生涯にわたる継続的な支援体制を整え、それぞれの年代における子どもの望ましい成長を促すため、「個別の支援計画」の活用が示されています。この個別の支援計画のうち、幼児児童生徒に対して、教育機関が中心となって作成するものが「個別の教育支援計画」です[26]。本章で述べてきた就学前から学齢段階へ、また学齢期から卒業後の生活へと円滑な移行のためのツールがこの個別の教育支援計画を含む支援計画となります。これらを活用しながら、切れ目のない支援を行っていくことが重要となります。

引用・参考文献
1）日本肢体不自由教育研究会編集委員会（2022）「〈基礎知識〉障害のある子どもの教育支援の手引」を読み解く2——障害のある子どもの早期からの一貫した支援』『肢体不自由教育』No.253、48-55頁。
2）横浜市（2021）「障害福祉のあんない2021」。
3）徳永亜希雄（2018）「肢体不自由児の理解と指導」、杉野学・長沼俊夫・徳永亜希雄編

著『特別支援教育の基礎』大学図書出版、116–125 頁。

4）君塚葵（2014）「肢体不自由児の生理・病理2――脳性まひ、二分脊椎を中心に」、川間健之介・西川公司編著『改訂版 肢体不自由児の教育』放送大学教育振興会、52–65頁。

5）朝日雅也（2019）「障害者福祉の基礎知識1　障害者総合福祉支援法と児童福祉法――近年の改正から」『肢体不自由教育』No.240、50–53頁。

6）「障害児通所支援の在り方に関する検討会、第2回（R3.7.5）参考資料4　障害児通所支援の現状などについて」。https://www.mhlw.go.jp/content/12401000/000801033.pdf（2022年7月22日最終閲覧）

7）「障害児通所支援の在り方に関する検討会　第1回（R3.6.14）資料4　児童発達支援センターの位置づけについて」。https://www.mhlw.go.jp/content/12401000/000791881.pdf（2022年7月22日最終閲覧）

8）社会保険研究所『令和3年4月版 障害者福祉ガイド　障害者総合支援法の解説』121頁。

9）文部科学省（2018）「幼稚園教育要領解説」118–119頁。https://www.mext.go.jp/content/1384661_3_3.pdf（2022年12月5日最終閲覧）

10）厚生労働省（2018）「保育所保育指針解説」56–58頁。https://www.mhlw.go.jp/file/06-Seisakujouhou-11900000-Koyoukintoujidoukateikyoku/0000202211.pdf（2022年12月5日最終閲覧）

11）内閣府・文部科学省・厚生労働省（2018）「幼保連携型認定こども園教育・保育要領解説」115–120頁。https://www8.cao.go.jp/shoushi/kodomoen/pdf/youryou_kaisetsu.pdf（2022年12月5日最終閲覧）

12）文部科学省初等中等教育局特別支援教育課（2021）「障害のある子どもの教育支援の手引～子どもたち一人一人の教育的ニーズを踏まえた学びの充実に向けて～」。https://www.mext.go.jp/a_menu/shotou/tokubetu/material/1340250_00001.htm（2023年1月31日最終閲覧）

13）中央教育審議会初等中等教育分科会（2012）「共生社会の形成に向けたインクルーシブ教育システム構築のための特別支援教育の推進（報告）」。

14）文部科学省初等中等教育局特別支援教育課（2021）「特別支援教育資料（令和2年度）」

15）厚生労働省「第6期障害福祉計画・第2期障害児福祉計画の概要」https://www.mhlw.go.jp/stf/seisakunitsuite/bunya/0000163638_00001.html（2022年5月14日最終閲覧）

16）富田文子（2019）「障害者福祉の基礎知識3　卒業後の生活を展望して――自己実現と地域生活のための障害福祉サービスの利用」『肢体不自由教育』No.242、50–53頁。

17）和史朗（2015）「肢体不自由者の雇用」、安藤隆男・藤田継道編著『よくわかる肢体不自由教育』ミネルヴァ書房、200–201頁。

18）厚生労働省「障害者雇用率制度について」。https://www.mhlw.go.jp/content/000859466.pdf（2022年5月11日最終閲覧）

19）厚生労働省「事業主の方へ」。https://www.mhlw.go.jp/stf/seisakunitsuite/bunya/koyou_roudou/koyou/jigyounushi/page10.html#01（2022年5月11日最終閲覧）

20）文部科学省（2017）「障害のある学生の修学支援に関する検討会報告（第二次まとめ）」。https://www.mext.go.jp/component/b_menu/shingi/toushin/__icsFiles/afieldfile/2017/

04/26/1384405_02.pdf（2022 年 12 月 5 日最終閲覧）

21）名川勝（2019）「肢体不自由」、独立行政法人日本学生支援機構編著『合理的配慮ハンドブック──障害のある学生を支援する教職員のために』ジアース教育新社、78–81 頁。

22）堀口明子（2022）「学校教育への期待」『肢体不自由教育』No. 255、2–3 頁。

23）武富博文（2019）「特別支援教育の現状」、宮﨑英憲監修、知的障害教育研究会編著『これからの特別支援教育の進路指導──共生社会に向けたネットワークづくり』ジアース教育新社、18–26 頁。

24）若杉哲文（2022）「肢体不自由教育におけるキャリア・進路指導の進展」『肢体不自由教育』No. 255、10–15 頁。

25）坂本征之（2022）「キャリア教育・進路指導の充実に向けて」『肢体不自由教育』No. 255、4–9 頁。

26）文部科学省（2018）「特別支援学校教育要領・学習指導要領解説　総則編（幼稚部・小学部・中学部）」110 頁。https://www.mext.go.jp/component/a_menu/education/micro_detail/__icsFiles/afieldfile/2019/02/04/1399950_3.pdf（2022 年 12 月 5 日最終閲覧）

（德永亜希雄）

第 **10** 章

障害と医療及び福祉、家族への対応

　「特別支援学校学習指導要領・幼稚部教育要領」には、家庭及び地域並びに医療、福祉、保健、労働などの業務を行う関係機関との連携の必要性について指摘があります[1]。本書第9章では、学齢期との時間軸で接続する就学前と卒業後のことについて考えましたが、本章ではまず、障害の捉え方について述べた上で、学校と横軸で連携する医療や福祉、そして家族への対応について述べていきます。

① 障害の捉え方と対応

(1) 障害の捉え方とICF

　就学のための教育相談を行う上で重要な資料となる「教育支援の手引き」では、「今日的な障害の捉え方（ICF）」と題した項を立て、障害の捉え方について述べています[2]。

　1980（昭和55）年に世界保健機関（WHO）によって発表された、ICIDH（International Classification of Impairments, Disabilities and Handicaps, 国際障害分類）では、疾病の結果もたらされる機能障害によって、能力の低下が起こり、その結果、社会生活上の不利益などが生じると捉えられており、この考え方は「医学モデル」と呼ばれることもあります。

　これに対して、2001（平成13）年、ICIDHの改訂版として採択されたICF（International Classification of Functioning, Disability and Health, 国際生活機能分類）」では、障害の状態は、疾病などによって規定されるだけではなく、その人の健康状態や物的・人的・社会的な環境因子、年齢・性別などの個人因

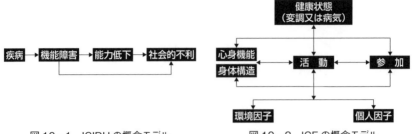

図10-1　ICIDHの概念モデル　　　　　図10-2　ICFの概念モデル

子と相互に影響し合うものと説明されており、疾病などに基づく側面と社会的な要因による側面を考慮した、「医学モデル」と「社会モデル」を統合したモデルとされています[3]。図10-1がICIDH、図10-2がICFの概念モデルです。

　特別支援教育においても、「特別支援学校学習指導要領解説自立活動編」において、次のように述べられています[4]。

　　　自立活動が指導の対象とする「障害による学習上又は生活上の困難」は、ICFとの関連で捉えることが必要です。つまり、精神機能や視覚・聴覚などの「心身機能・身体構造」、歩行や食事、排泄、入浴などの日常生活動作などの「活動」、趣味や地域活動などの「参加」といった生活機能との関連で「障害」を把握することが大切です。そして、個人因子や環境因子などとのかかわりなども踏まえて個々の幼児児童生徒の「学習上又は生活上の困難」を把握したり、その改善・克服を図るための指導の方向性や関係機関などとの連携の在り方などを検討したりすることが、これまで以上に求められています。

　なお、日本の教育におけるICFの活用の取組みの中では、上記の概念に加え、本人の気持ちも含めて多面的・総合的に捉えようとするものが多く報告されています[5]。

(2) 法令における障害の捉え方と合理的配慮

ICF の考え方に関連して、2011（平成 23 年）に改正された障害者基本法において、障害者は「身体障害、知的障害、精神障害（発達障害を含む。）その他の心身の機能の障害（以下「障害」と総称する）がある者であって、障害及び社会的障壁により継続的に日常生活又は社会生活に相当な制限を受ける状態にあるもの」とされ、いわゆる障害者手帳の所持に限られないことや、難病に起因する障害は心身の機能障害に含まれ、高次脳機能障害は精神障害に含まれることが規定されています。障害者が日常・社会生活で受ける制限とは、心身の機能の障害のみならず、社会におけるさまざまな障壁と相対することによって生ずるものという考え方、すなわち、いわゆる「社会モデル」の考え方が大切にされていることに留意する必要があります。

一方、本書 9 章で述べた合理的配慮は、国際的には、「障害者の権利に関する条約」、国内的には、「障害を理由とする差別の解消の推進に関する法律」（以下、「差別解消法」）に基づいています。この中でも社会的障壁への対応が述べられており、第 5 条において「行政機関等及び事業者は、社会的障壁の除去の実施についての必要かつ合理的な配慮を的確に行うため、自ら設置する施設の構造の改善及び設備の整備、関係職員に対する研修その他の必要な環境の整備に努めなければならない」とし、合理的配慮の提供について述べています。

日本の教育における合理的配慮については、本書第 9 章で触れた中央教育審議会初等中等教育分科会「共生社会の形成に向けたインクルーシブ教育システム構築のための特別支援教育の推進（報告）」(2012) において、次のように書かれています。合理的配慮とは、「障害のある子どもが、他の子どもと平等に「教育を受ける権利」を享有・行使することを確保するために、学校の設置者及び学校が必要かつ適当な変更・調整を行うことであり、障害のある子どもに対し、その状況に応じて、学校教育を受ける場合に個別に必要とされるもの」とされ、「学校の設置者及び学校に対して、体制面、財政面において、均衡を失した又は過度の負担を課さないもの」と定義されています。

② 医学的な立場からの理解と対応

(1) 医学的な立場からの肢体不自由

　文部科学省（2021）は、教育の立場から、「肢体不自由とは、身体の動きに関する器官が、病気やけがで損なわれ、歩行や筆記などの日常生活動作が困難な状態をいう」としています[2]。また、対象となる学校を検討する際の肢体不自由の程度などについても述べています。

　一方で、医学的な観点からの定義としては「発生原因のいかんを問わず、四肢体幹に永続的な障害があるものを、肢体不自由という」とされ、さらに形態的側面と機能的側面のそれぞれについて補足説明を加えています。詳細は、本書第2章を確認してください。

(2) 医療的対応

　肢体不自由のある子ども、そして家族には、医療の立場から多くのスタッフが関わっています。君塚（2014）は、肢体不自由の主な原因疾患である脳性まひについて、早期発見、チームアプローチによる早期からの総合的療育の必要性について指摘しています[6]。脳性まひに限らず、早期の発見と早期の治療がよいとされるのが一般的です。

　押木（2015）は、小児リハビリテーションに関わるスタッフとして、医師、理学療法士、作業療法士、言語聴覚士、臨床心理士、ソーシャルワーカー、リハビリテーション工学士、看護師などをあげ、それらの役割を以下のとおり述べています[7]。

　なお、「医師」としてまとめていますが、整形外科医や小児科医など、複数の専門医が関わっていることが多く、また、いくつもの病院や施設の医師、専門スタッフが並行して子どもや家族に関わっていることも少なくありません。

　ところで、押木（2015）は、上記のスタッフの中に教師も入れ、個別教育計画（「個別の指導計画」の意と考えられる）を立て、子どもの特性や能力を伸ばす教育を行う、としていますが、しかし筆者としては、リハビリテー

表 10 - 1　小児リハビリテーションスタッフの役割

医師：疾患・障害を診断し、発達段階を考慮した総合的な治療計画を作成する。
理学療法士（Physical therapist, PT）：運動の障害に対して評価や治療・練習を行う。
作業療法士（Occupational therapist, OT）：遊びやレクリエーションを含めたさまざまな作業を通して機能改善を図る。
言語聴覚士（Speech therapist, ST）：言語障害や摂食・嚥下障害に対する治療を行う。
臨床心理士：発達、知能、性格などの特徴をとらえて環境設定し、心理的発達を促す。
ソーシャルワーカー：社会生活上の問題を把握し、その解決方法や支援計画を作成する。
リハビリテーション工学士：生活支援機器（移乗・移動機器、座位保持装置、コミュニケーション機器など）を障害に合わせ作成する。
看護師：障害の早期発見と治療への支援、家族への心理的支援、退院後の生活支援などを行う。

出典：文献7）を元に筆者が改変

ションに教師は含まないと判断し、表 10 - 1 から外しています。しかしながら、教師も子どもに関わる専門職の一翼を担っており、チームで対応する必要があるのは間違いありません。

③　福祉分野の立場からの理解と対応

（1）身体障害者手帳とその理解

　福祉分野の立場から理解を図るには、福祉サービスを利用するときに必要となる障害者手帳について理解しておく必要があります。障害者手帳には、知的障害に関わる療育手帳、精神障害に関わる精神障害者保健福祉手帳、そして肢体不自由者を対象に含む身体障害者手帳の3種類があります。身体障

表 10 - 2　身体障害者手帳の対象となる障害

・視覚障害
・聴覚又は平衡機能の障害
・音声機能、言語機能又はそしゃく機能の障害
・肢体不自由
・心臓、じん臓又は呼吸器の機能の障害
・ぼうこう又は直腸の機能の障害
・小腸の機能の障害
・ヒト免疫不全ウイルスによる免疫の機能の障害
・肝臓の機能の障害

出典：文献8）を元に筆者が作成

表 10-3 肢体不自由の定義

① 一上肢、一下肢又は体幹の機能の著しい障害で、永続するもの
② 一上肢のおや指を指骨間関節以上で欠くもの又はひとさし指を含めて一上肢の二指以上をそれぞれ第一指骨間関節以上で欠くもの
③ 一下肢をリスフラン関節以上で欠くもの
④ 両下肢のすべての指を欠くもの
⑤ 一上肢のおや指の機能の著しい障害又はひとさし指を含めて一上肢の三指以上の機能の著しい障害で、永続するもの
⑥ ①から⑤までに掲げるもののほか、その程度が①から⑤までに掲げる障害の程度以上であると認められる障害

出典：文献9）10）を元に筆者が作成

害者手帳の対象となる障害は、表10-2のとおりです[8]。

　これらのうち、肢体不自由の定義は表10-3のようになっています[9] [10]。

　知的障害に関わる療育手帳は都道府県ごとの制度ですが、身体障害者手帳は国の制度であり、全国一律となっています。身体障害者手帳の交付対象となる範囲は、身体障害者福祉法別表に定められていて、1級から7級までの区分があり、1級が最も重度となります。等級は、上肢・下肢・体幹・乳幼児期以前の非進行性の脳病変による運動機能障害（上肢機能・移動機能）の観点から整理されていますが、上肢・下肢のみを抜粋して表10-4に示しています。

　なお、手帳を取得するには、市区町村の障害福祉窓口での申請手続が必要となります。手続きにあたっては、指定の必要書類とともに、本人写真や身体障害者診断書・意見書が必要です。診断書の作成は、身体障害者福祉法第15条で指定を受けている医師が行うことになっています。なお、手帳取得後に成長やリハビリなどで、障害程度が変化する予想される場合は、再認定の期日が指定されることになっています[8]。

(2)「障害者総合支援法」の概要

　障害者福祉の中核的な法律は、「障害者日常生活及び社会生活を総合的に支援する法律」いわゆる「障害者総合支援法」です。基本的に、障害者福祉サービスは障害者総合支援法に、障害児福祉サービスは児童福祉法に、それぞれ基づいて提供されます。

表10-4　肢体不自由の等級表（上肢・下肢のみ）

		上肢	下肢
1級		1　両上肢の機能を全廃したもの 2　両上肢を手関節以上で欠くもの	1　両下肢の機能を全廃したもの 2　両下肢を大腿の2分の1以上で欠くもの
2級		1　両上肢の機能の著しい障害 2　両上肢のすべての指を欠くもの 3　一上肢を上腕の2分の1以上で欠くもの 4　一上肢の機能を全廃したもの	1　両下肢の機能の著しい障害 2　両下肢を下腿の2分の1以上で欠くもの
3級		1　両上肢のおや指及びひとさし指を欠くもの 2　両上肢のおや指及びひとさし指の機能を全廃したもの 3　一上肢の機能の著しい障害 4　一上肢のすべての指を欠くもの 5　一上肢のすべての指の機能を全廃したもの	1　両下肢をショパー関節以上で欠くもの 2　一下肢を大腿の2分の1以上で欠くもの 3　一下肢の機能を全廃したもの
4級		1　両上肢のおや指を欠くもの 2　両上肢のおや指の機能を全廃したもの 3　一上肢の肩関節、肘関節又は手関節のうち、いずれか一関節の機能を全廃したもの 4　一上肢のおや指及びひとさし指を欠くもの 5　一上肢のおや指及びひとさし指の機能を全廃したもの 6　おや指又はひとさし指を含めて一上肢の三指を欠くもの 7　おや指又はひとさし指を含めて一上肢の三指の機能を全廃したもの 8　おや指又はひとさし指を含めて一上肢の四指の機能の著しい障害	1　両下肢のすべての指を欠くもの 2　両下肢のすべての指の機能を全廃したもの 3　一下肢を下腿の2分の1以上で欠くもの 4　一下肢の機能の著しい障害 5　一下肢の股関節又は膝関節の機能を全廃したもの 6　一下肢が健側に比して10センチメートル以上又は健側の長さの10分の1以上短いもの
5級		1　両上肢のおや指の機能の著しい障害 2　一上肢の肩関節、肘関節又は手関節のうち、いずれか一関節の機能の著しい障害 3　一上肢のおや指を欠くもの 4　一上肢のおや指の機能を全廃したもの 5　一上肢のおや指及びひとさし指の機能の著しい障害 6　おや指又はひとさし指を含めて一上肢の三指の機能の著しい障害	1　一下肢の股関節又は膝関節の機能の著しい障害 2　一下肢の足関節の機能を全廃したもの 3　一下肢が健側に比して5センチメートル以上又は健側の長さの15分の1以上短いもの
6級		1　一上肢のおや指の機能の著しい障害 2　ひとさし指を含めて一上肢の二指を欠くもの 3　ひとさし指を含めて一上肢の二指の機能を全廃したもの	1　一下肢をリスフラン関節以上で欠くもの 2　一下肢の足関節の機能の著しい障害
7級		1　一上肢の機能の軽度の障害 2　一上肢の肩関節、肘関節又は手関節のうち、いずれか一関節の機能の軽度の障害 3　一上肢の手関節の機能の軽度の障害 4　ひとさし指を含めて一上肢の二指の機能の著しい障害 5　一上肢のなか指くすり指及び小指を欠くもの 6　一上肢のなか指くすり指及び小指の機能を全廃したもの	1　両下肢のすべての指の機能の著しい障害 2　一下肢の機能の軽度の障害 3　一下肢の股関節、膝関節又は足関節のうち、いずれか一関節の機能の軽度の障害 4　一下肢のすべての指を欠くもの 5　一下肢のすべての指の機能を全廃したもの 6　一下肢が健側に比して3センチメートル以上又は健側の長さの20分の1以上短いもの
備考		1　同一の等級について二つの重複する障害がある場合は、一級うえの級とする。ただし、二つの重複する障害が特に本表中に指定せられているものは、該当等級とする。 2　肢体不自由においては、7級に該当する障害が2以上重複する場合は、6級とする。 3　異なる等級について二つ以上の重複する障害がある場合については、障害の程度を勘案して当該等級より上位の等級とすることができる。 4　「指を欠くもの」とは、おや指については指骨間関節、その他の指については第一指骨間関節以上を欠くものをいう。 5　「指の機能障害」とは、中手指節関節以下の障害をいい、おや指については、対抗運動障害をも含むものとする。 6　上肢又は下肢欠損の断端の長さは、実用調（上腕においては腋窩より、大腿においては坐骨結節の高さより計測したもの）をもって計測したものをいう。 7　下肢の長さは、前腸骨棘より内くるぶし下端までを計測したものをいう。	

出典：文献11）を元に筆者が作成

表 10‑5　障害者総合支援法の基本理念

障害者及び障害児が日常生活又は社会生活を営むための支援は、全ての国民が、障害の有無にかかわらず、等しく基本的人権を享有するかけがえのない個人として尊重されるものであるとの理念にのっとり、全ての国民が、障害の有無によって分け隔てられることなく、相互に人格と個性を尊重し合いながら共生する社会を実現するため、全ての障害者及び障害児が可能な限りその身近な場所において必要な日常生活又は社会生活を営むための支援を受けられることにより社会参加の機会が確保されること及びどこで誰と生活するかについての選択の機会が確保され、地域社会において他の人々と共生することを妨げられないこと並びに障害者及び障害児にとって日常生活又は社会生活を営む上で障壁となるような社会における事物、制度、慣行、観念その他一切のものの除去に資することを旨として、総合的かつ計画的に行わなければならない。

出典：障害者総合支援法より

表 10‑6　障害者総合支援法の 2016 年改正趣旨

1）障害者が自ら望む地域生活を営むことができるよう、生活や就労に関する支援を充実させること 2）高齢障害者による介護保険サービスの円滑な利用を促進するための支援の拡充を図ること 3）障害児支援のニーズの多様化にきめ細かく対応するための支援の拡充を図ること 4）サービスの質の確保・向上を図るための環境整備等を行うこと

　障害者総合支援法は、前身の障害者自立支援法から、従前の障害に加えて難病なども対象に含む形としたり、福祉的な要素に加えて就労支援の強化を含む形としたりするなど、総合的な支援を推進する法律として 2013（平成25）年に制定されました。障害者総合支援法には、基本理念の項が設けられ、表 10‑5 のように述べられています[12）13）]。

　障害者総合支援法は、制定時から 3 年後を目途に課題点を明らかにした後、さらに改善されることが明記されており、国の社会保障審議会障害者部会等での議論を踏まえ、2016（平成28）年に改正され、2018（平成30）年に改正法が施行されています。改正の趣旨は表 10‑6 のとおりです。

（3）障害者総合支援法での福祉サービスの概要

　前述の障害者総合支援法による福祉サービスは、「自立支援給付」と「地域生活支援事業」に大別されます[14）]。

　自立支援給付は、「介護給付」「訓練等給付」「補装具」「自立支援医療」からなります。さらに、介護給付には、「居宅サービス（ホームヘルプサービ

表 10 - 7　福祉サービスの体系

介護給付	居宅介護（ホームヘルプ）	自宅で、入浴、排せつ、食事の介護等を行います
	重度訪問介護	重度の肢体不自由者で常に介護を必要とする人（平成26年4月から対象者を重度の知的障害者・精神障害者に拡大する予定）に、自宅で、入浴、排せつ、食事の介護、外出時における移動支援などを総合的に行います
	同行援護	視覚障害により、移動に著しい困難を有する人に、移動に必要な情報の提供（代筆・代読を含む）、移動の援護等の外出支援を行います
	行動援護	自己判断能力が制限されている人が行動するときに、危険を回避するために必要な支援、外出支援を行います
	重度障害者等包括支援	介護の必要性がとても高い人に、居宅介護等複数のサービスを包括的に行います
	短期入所（ショートステイ）	自宅で介護する人が病気の場合などに、短期間、夜間も含め施設等で、入浴、排せつ、食事の介護等を行います
	療養介護	医療と常時介護を必要とする人に、医療機関で機能訓練、療養上の管理、看護、介護及び日常生活の世話を行います
	生活介護	常に介護を必要とする人に、昼間、入浴、排せつ、食事の介護等を行うとともに、創作的活動又は生産活動の機会を提供します
	障害者支援施設での夜間ケア等（施設入所支援）	施設に入所する人に、夜間や休日、入浴、排せつ、食事の介護等を行います
	共同生活介護（ケアホーム）	夜間や休日、共同生活を行う住居で、入浴、排せつ、食事の介護等を行います
訓練等給付	自立訓練（機能訓練・生活訓練）	自立した日常生活又は社会生活ができるよう、一定期間、身体機能又は生活能力の向上のために必要な訓練を行います
	就労移行支援	一般企業等への就労を希望する人に、一定期間、就労に必要な知識及び能力の向上のために必要な訓練を行います
	就労継続支援（A型＝雇用型、B型）	一般企業等での就労が困難な人に、働く場を提供するとともに、知識及び能力の向上のために必要な訓練を行います
	共同生活援助（グループホーム）	夜間や休日、共同生活を行う住居で、相談や日常生活上の援助を行います
地域生活支援事業	移動支援	円滑に外出できるよう、移動を支援します
	地域活動支援センター	創作的活動又は生産活動の機会の提供、社会との交流等を行う施設です
	福祉ホーム	住居を必要としている人に、低額な料金で、居室等を提供するとともに、日常生活に必要な支援を行います
相談支援事業	地域移行支援	障害者支援施設、精神科病院、児童福祉施設を利用する18歳以上の者等を対象として、地域移行支援計画の作成、相談による不安解消、外出の同行支援、住居確保、関係機関との調整等を行います。
	地域定着支援	居宅において単身で生活している障害者等を対象に常時の連絡体制を確保し、緊急時には必要な支援を行います。

出典：文献15）を元に筆者が作成

表 10-8　福祉制度利用時の留意点

1）国の制度と自治体ごとの制度があること
2）ライフステージごとの対応と準備が必要であること
3）保護者から自発的申請が必要であること
4）基本的規定と実際が異なることもあること
5）異議申し立ての制度もあること

出典：文献16）を元に筆者が作成

ス）」「重度訪問介護」「同行援護」「行動援護」「療養援護」があるなど、障害者それぞれにおいて個別に支給が決定されます。

　一方、地域生活支援事業は、各都道府県や市区町村がそれぞれに定めた障害福祉計画に基づいて行われます。事業には、必須事業と任意事業とがあります。必須事業としては、例えば、市区町村には、障害者や障害児の保護者などからの相談に応じるとともに必要な情報を提供する事業があげられます。都道府県には、サービス提供者のための養成研修などがあります。

　これらを含む、福祉サービスの体系は表10-7のとおりとなっています。

　手帳を取得後、これらの福祉サービスの利用を希望する場合は、その都度家族が利用申請手続きをする必要があります。利用できるサービスは等級ごとに異なりますので、手帳交付の際に、自治体でまとめたサービスについての資料等を参考にして確認しましょう[8]。

　肢体不自由児／者を支える福祉や医療費助成などの制度にはさまざまなものがありますが、一方で多様がゆえに理解し、活用していくのは容易ではない面もあります。北住（2021）は、そのことを踏まえ、制度の利用に当たっての留意事項として表10-8のとおり指摘しています[16]。

（4）児童福祉法による福祉サービスの概要

　本書第9章で述べたとおり、障害児の福祉を規定するのは児童福祉法であり、障害者総合支援法と連動する形となっています。2012（平成24）年の改正で、身近な地域で必要な支援を受けられるよう、それまで障害種別に分かれていたサービス給付の体系が、通所・入所形態ごとに一元化されました。また、障害のある子どもが放課後に利用できる「放課後等デイサービス」が創設されました。さらに2016（平成28）年の改正では、障害児支援におけ

表 10 - 9　障害児支援のニーズと対応

1) 重度の障害により外出が著しく困難な障害児に対する居宅訪問による発達支援サービスの提供
2) 保育所等の障害児に発達支援を提供する保育所等訪問支援の乳児院・児童養護施設への対象拡大
3) 医療的ケアを必要とする障害児への適切な支援のための、自治体による保健・医療・福祉等の連携促進
4) 障害児へのサービス提供体制の計画的な取組を構築するための障害児福祉計画の策定

出典：文献 17）を元に筆者が作成

表 10 - 10　主な発達支援などの提供総時間に占める各支援の提供時間の割合（平日）

年齢	短時間（4 時間未満）利用		長時間（4 時間以上）利用	
7 〜 12 歳	自由遊び	23.6%	設定遊び	22.7%
	登降園準備等	17.3%	自由遊び	13.5%
	食事・おやつ	10.7%	食事・おやつ	14.3%
			学習支援	10.5%
13 歳〜	登降園準備等	17.3%	（調査に該当なし）	
	自由遊び	23.6%		
	食事・おやつ	10.7%		
	設定遊び	10.2%		

出典：文献 18）を元に筆者が作成

るニーズの多様化へのきめ細やかな対応を目指し、表 10 - 9 のような取組みが提示されています[17]。

　これらのうち、就学している障害児に放課後や長期休暇中において生活能力の向上のために必要な訓練や社会との交流促進の活動を行う放課後等デイサービスについては、年々利用者数や事業所数が増加してきています。平日の放課後等デイサービスにおける、主な発達支援などの提供総時間に占める各支援の提供時間の割合に関する調査結果を表 10 - 10 に示します[18]。年齢や利用時間によって、提供される内容に違いがあります。

④ 家族への理解と支援、社会参加の促進

押木（2015）は、障害をなるべく早く発見し、必要に応じて専門的な療育につなげていくのが一般的な方法であり、小児においては医師や専門のスタッフによるアプローチだけでなく、母との子の日常生活動作に着目して治療や指導を行うと述べています。そのため、母親を支えることが重要だと指摘しています[7]。

肢体不自由の原因となっている疾患により発症の時期や治療内容は異なることや家族の在り方はさまざまであることから一概には言えませんが、子どもの年齢が低ければ低いほど、母親が担う役割は大きく、そのことできょうだいや家族全体への影響も大きくなるのが一般的な状況です。

例えば、頻回にリハビリテーションに通うために、本当は公園で遊びたかったきょうだい児も付いていく、日常生活を送るための肢体不自由児本人への介助のエネルギーのため、きょうだい児へのそれらが相対的に小さくなってしまう、といったことが考えられます。親としても、きょうだい児としても、頭の中はわかっていても、心情的には寂しさを感じることは少なくありません。したがって、専門職によるサポートは、本人だけでなく家族全体にも必要と考えられます。

文部科学省（2021）は、保護者が先輩の保護者や障害当事者の経験に学ぶ機会の設定の重要性について指摘しています[2]。保護者同士のつながりとして、全国的には一般社団法人肢体不自由児・者父母の会連合会がありますが、各地域にも肢体不自由児者の親の会、疾患別の集まり、訓練会、きょうだい児の集まりなどがあります。それらの場を活用して情報交換を行うことはとても重要なことです[19]。また、「障害児・者を育てるみなさんの情報誌」を標榜する日本肢体不自由児協会刊行の雑誌『はげみ』の講読や、SNSなどを介したつながりなど、間接的なつながりも併せてこれからはますます重要になってくると考えられます。

2021（令和3）年、東京パラリンピックが開催され、障害のある人のスポーツを含めた社会参加に注目がこれまで以上に高まってきています。文部科学

省（2019）は、「障害者の生涯学習の推進方策について（通知）」を出し、障害者の学びに関する強化策を示し、障害のある人の生涯にわたる社会参加を促進する取組みを示しています[20]。

　本章の冒頭で述べた ICF の概念モデルに照らすと、肢体不自由のある子どもに機能障害があることは確かですが、本人自身の成長を促すとともに、物的・人的・制度的環境の整備や本人にとっての重要な環境因子となる家族への支援も充実させることで、生涯にわたる社会参加が促進されるという視点もとても大切です。

＊　　　＊

　肢体不自由のある子ども、そして家族は、学校だけでなく、医療や福祉ほか、多くの社会資源を活用しながら成長・生活していきます。学校関係者もこのことを理解し、これらの社会資源と連携しながら、肢体不自由のある子どもやその家族を支援していくことが重要です。

引用・参考文献

1) 文部科学省（2017）「特別支援学校幼稚部教育要領　小学部・中学部学習指導要領」22、72 頁。https://www.mext.go.jp/component/a_menu/education/micro_detail/__icsFiles/afieldfile/2019/03/15/1399950_2.pdf（2022 年 12 月 5 日最終閲覧）
2) 文部科学省初等中等教育局特別支援教育課（2021）「障害のある子供の教育支援の手引〜子供たち一人一人の教育的ニーズを踏まえた学びの充実に向けて〜」。https://www.mext.go.jp/a_menu/shotou/tokubetu/material/1340250_00004.htm（2022 年 12 月 5 日　最終閲覧）
3) 世界保健機関（WHO）著、障害者福祉研究会編集（2002）『ICF 国際生活機能分類──国際障害分類改定版』第一法規中央法規出版。
4) 文部科学省（2018）「特別支援学校教育要領・学習指導要領解説自立活動編（幼稚部・小学部・中学部）13–14 頁。https://www.mext.go.jp/component/a_menu/education/micro_detail/__icsFiles/afieldfile/2019/02/04/1399950_5.pdf（2022 年 12 月 5 日最終閲覧）
5) 徳永亜希雄・松村勘由・加福千佳子・小林幸子（2013）「「ICF 関連図」の活用について」、独立行政法人国立特別支援教育総合研究所『特別支援教育における ICF の活用 Part3 ──学びのニーズに応える確かな実践のために』ジアース教育新社、18–25 頁。
6) 君塚葵（2014）「肢体不自由児の生理・病理 2 ──脳性まひ、二分脊椎を中心に」『改訂版　肢体不自由児の教育』放送大学教育振興会、51 頁。
7) 押木利英子（2015）「小児リハビリテーション」、安藤隆男・藤田継道編著『よくわかる肢体不自由教育』ミネルヴァ書房、186–187 頁。

8) 佐々木さつき（2021）「身体障害者手帳について——手帳は福祉サービスを利用するためのパスポート」『はげみ（手足の不自由な子どもたち）』8・9月号、日本肢体不自由児協会、16–21頁。

9) 早坂方志（2015）「身体障害者手帳」、安藤隆男・藤田継道編著『よくわかる肢体不自由教育』ミネルヴァ書房、198–199頁。

10) 福祉行政研究会（2021）『図解入門ビジネス　障害者総合支援法がよ～く分かる本 第6版』秀和システム、36–37頁。

11) 厚生労働省「等級表」。https://www.mhlw.go.jp/file/06-Seisakujouhou-12200000-Shakaiengokyokushougaihokenfukushibu/0000172197.pdf（2022年5月29日最終閲覧）

12) 早坂方志（2015）「障害者福祉の展開と障害者自立支援法・障害者総合福祉支援法」、安藤隆男・藤田継道編著『よくわかる肢体不自由教育』ミネルヴァ書房、190–192頁。

13) 「障害者の日常生活及び社会生活を総合的に支援するための法律」法律第123号、2021年（※2005（平成17）年、平成30年法律第44号による改正）e-Gov法令検索。https://elaws.e-gov.go.jp/document?lawid=417AC0000000123_20200401_430AC0000000044（2022年5月11日最終閲覧）

14) 朝日雅也（2020）「障害者福祉の基礎知識4：障害児・者福祉は今」『肢体不自由教育』No. 243、52–55頁。

15) 厚生労働省「サービスの体系」。https://www.mhlw.go.jp/bunya/shougaihoken/service/taikei.html（2022年5月14日最終閲覧）

16) 北住映二（2021）「さまざまな制度の理解と活用のために」『はげみ（手足の不自由な子どもたち）』8・9月号、日本肢体不自由児協会、2–4頁。

17) 朝日雅也（2019）「障害者福祉の基礎知識1：障害者総合福祉支援法と児童福祉法——近年の改正から」『肢体不自由教育』No.240、50–53頁。

18) 「障害児通所支援の在り方に関する検討会　第1回（R3.6.14）資料4　児童発達支援センターの位置づけについて」。https://www.mhlw.go.jp/content/12401000/000791881.pdf（2022年7月22日最終閲覧）

19) 河合康（2015）「肢体不自由教育関連団体」、安藤隆男・藤田継道編著『よくわかる肢体不自由教育』ミネルヴァ書房、224–225頁。

20) 文部科学省総合教育政策局長（2019）「障害者の生涯学習の推進方策について（通知）」。https://www.mext.go.jp/b_menu/shingi/chousa/shougai/041/toushin/__icsFiles/afieldfile/2019/07/16/1418929.pdf（2022年12月5日最終閲覧）

（德永亜希雄）

索　引

［監修者］
宍戸和成（ししど・かずしげ）

前独立行政法人国立特別支援教育総合研究所理事長。専門は、聴覚障害教育。
東京教育大学教育学部特殊教育学科卒業。文部科学省初等中等教育局視学官、筑波大学附属久里浜特別支援学校校長などを歴任。
主著に『聴覚障害教育の歴史と展望（ろう教育科学会創立50周年記念）』（共著、風間書房、2012年）。

古川勝也（ふるかわ・かつや）

元西九州大学教授。専門は、肢体不自由教育。
文部科学省初等中等教育局特別支援教育課特殊教育調査官（肢体不自由担当）、長崎県立諫早特別支援学校校長、長崎県教育センター所長などを歴任。
主著に『自立活動の理念と実践　実態把握から指導目標・内容の設定に至るプロセス 改訂版』（編著、ジアース教育新社、2020年）。

徳永　豊（とくなが・ゆたか）

福岡大学人文学部教育・臨床心理学科教授。専門は、特別支援教育、発達臨床。
1960年生まれ。九州大学大学院教育学研究科博士課程中退。
主著に『障害の重い子どもの目標設定ガイド　第2版』（編著、慶應義塾大学出版会、2021年）、『新 重複障害教育実践ハンドブック』（共著、全国心身障害児福祉財団、2015年）。

［編者］
徳永　豊（とくなが・ゆたか）　第2章

吉川知夫（よしかわ・ともお）　第5章、第8章

国立特別支援教育総合研究所・上席総括研究員。専門は、肢体不自由教育、言語・コミュニケーション障害学。
1966年生まれ。上智大学大学院外国語学研究科言語学専攻博士後期課程単位取得満期退学。
主著に『障害の重い子どもの目標設定ガイド　第2版』（分担執筆、慶應義塾大学出版会、2021年）、『新学習指導要領に基づく授業づくり』（監修、ジアース教育新社、2018年）。

一木　薫（いちき・かおる）　第3章、第4章

福岡教育大学特別支援教育研究ユニット教授。博士（障害科学）。専門は特別支援教育、肢体不自由教育。
1973年生まれ。筑波大学大学院人間総合科学研究科障害科学専攻博士課程単位取得満期退学。
主著に『重度・重複障害教育におけるカリキュラム評価』（単著、慶應義塾大学出版会、2020年）、『自立活動の理念と実践 改訂版』（共編著、ジアース教育新社、2020年）。

［著者］
早坂方志（はやさか・まさし）　第1章

青山学院大学教育人間科学部教育学科教授。専門は、肢体不自由教育、重複障害教育。
1960年生まれ、筑波大学大学院教育研究科障害児教育専攻修士課程修了。
主著に『次世代教員養成のための教育実習──教師の初心をみがく理論と方法』（分担執筆、学文社、2014年）、『肢体不自由教育シリーズ4　専門性向上につなげる授業の評価・改善』（共編著、慶應義塾大学出版会、2009年）。

北川貴章（きたがわ・たかあき）　**第6章**

文教大学教育学部准教授。専門は特別支援教育、肢体不自由教育、授業研究。

1976年生まれ。上越教育大学大学院学校教育研究科障害児教育専攻修士課程修了。

主著に「第4章第3節1　自立活動の指導の実際①──実態把握、課題整理の工夫を中心として」、全国心身障害児福祉財団編著『新重複障害教育実践ハンドブック』（分担執筆、全国心身障害児福祉財団、2015年）、『「自立活動の指導」のデザインと展開──悩みを成長につなげる実践32』（共編著、ジアース教育新社、2019年）。

長沼俊夫（ながぬま・としお）　**第7章**

日本体育大学体育学部教授。専門は特別支援教育、肢体不自由教育、重度・重複障害教育。

1960年生まれ。筑波大学大学院教育研究科修了。

主著に『新訂肢体不自由児の教育』（編著、放送大学教育振興会、2020年）、『特別支援教育の基礎』（編著、大学図書出版、2018年）。

德永亜希雄（とくなが・あきお）　**第9章、第10章**

横浜国立大学教育学部教授。専門は特別支援教育、肢体不自由教育、ICF（国際生活機能分類）の活用。

1968年生まれ。筑波大学大学院人間総合科学研究科生涯発達科学専攻博士課程修了。

主著に『特別支援教育の基礎』（共編著、大学図書出版、2018年）、『特別支援教育におけるICFの活用　Part3──学びのニーズに応える確かな実践のために』（編著、ジアース教育新社、2013年）。

シリーズウェブサイト　https://www.keio-up.co.jp/tokubetsu/

特別支援教育のエッセンス
肢体不自由教育の基本と実践

2023 年 4 月 20 日　初版第 1 刷発行

監修者————宍戸和成・古川勝也・徳永　豊
編　者————徳永　豊・吉川知夫・一木　薫
発行者————大野友寛
発行所————慶應義塾大学出版会株式会社
　　　　　　　〒 108-8346　東京都港区三田 2-19-30
　　　　　　　Ｔ Ｅ Ｌ〔編集部〕03-3451-0931
　　　　　　　　　　〔営業部〕03-3451-3584〈ご注文〉
　　　　　　　　　　〔　〃　〕03-3451-6926
　　　　　　　Ｆ Ａ Ｘ〔営業部〕03-3451-3122
　　　　　　　振替 00190-8-155497
　　　　　　　https://www.keio-up.co.jp/
装　　丁————中尾　悠
組　　版————株式会社キャップス
印刷・製本——中央精版印刷株式会社
カバー印刷——株式会社太平印刷社

慶應義塾大学出版会

特別支援教育のエッセンス 全5巻

宍戸和成・古川勝也・徳永 豊［監修］

視覚障害教育、聴覚障害教育、知的障害教育、肢体不自由教育、自閉スペクトラム症教育の「基本と実践」をまとめた特別支援教育テキストの決定版！

●本シリーズのポイント

① 障害種ごとに 1 冊ずつ完結させることで、内容や範囲を把握しやすく、学びやすい
② 学校現場の悩みや戸惑いに対応し、困りごとに対する解決の方向性を示している
③ 学生、特別支援学校教員（特に新任者）を主に対象とし、講義や研修で使いやすい章構成
④ これまでの教育実践を踏まえて、オーソドックスな内容とし、「基本」に徹している
⑤ ICT 活用や合理的配慮、キャリア支援など、今日的な課題にも対応
⑥ 特別支援教育を担当する教員だけでなく、家族や支援を行う専門職へも有益な情報を提供

視覚障害教育の基本と実践

小林秀之・澤田真弓［編］　　　　　　　　定価2,420円（本体価格2,200円）

聴覚障害教育の基本と実践

宍戸和成・原田公人・庄司美千代［編］　　定価2,420円（本体価格2,200円）

知的障害教育の基本と実践

佐藤克敏・武富博文・徳永 豊［編］　　　定価2,420円（本体価格2,200円）

肢体不自由教育の基本と実践

徳永 豊・吉川知夫・一木 薫［編］　　　定価2,420円（本体価格2,200円）

以下、続刊

自閉スペクトラム症教育の基本と実践

齊藤宇開・肥後祥治・徳永 豊［編］